U0530630

读懂中国经济

UNDERSTANDING CHINA'S ECONOMY

稳中求进　以进促稳　先立后破

金仲文◎编

人民日报出版社
北京

图书在版编目（CIP）数据

读懂中国经济：稳中求进 以进促稳 先立后破 / 金仲文编. — 北京：人民日报出版社，2024.3
　　ISBN 978-7-5115-8216-4

Ⅰ.①读… Ⅱ.①金… Ⅲ.①中国经济—经济发展—研究 Ⅳ.①F124

中国国家版本馆CIP数据核字（2024）第039836号

书　　名：	读懂中国经济：稳中求进 以进促稳 先立后破
	DUDONG ZHONGGUO JINGJI: WENZHONG QIUJIN　YIJIN CUWEN　XIANLIHOUPO
编　　者：	金仲文
出 版 人：	刘华新
责任编辑：	蒋菊平　徐　澜
版式设计：	九章文化
出版发行：	人民日报出版社
社　　址：	北京金台西路2号
邮政编码：	100733
发行热线：	（010）65369509　65369527　65369846　65369512
邮购热线：	（010）65369530　65363527
编辑热线：	（010）65369528
网　　址：	www.peopledailypress.com
经　　销：	新华书店
印　　刷：	大厂回族自治县彩虹印刷有限公司
法律顾问：	北京科宇律师事务所　（010）83622312
开　　本：	710mm×1000mm　1/16
字　　数：	187千字
印　　张：	15.75
版次印次：	2024年3月第1版　2024年3月第1次印刷
书　　号：	ISBN 978-7-5115-8216-4
定　　价：	46.00元

Contents 目 录

总论篇

003　中央经济工作会议在北京举行
　　习近平发表重要讲话　李强作总结讲话　赵乐际王沪宁蔡奇丁薛祥李希出席会议

　　人民日报评论员文章
011　论学习贯彻中央经济工作会议精神

分论篇

一、以科技创新引领现代化产业体系建设

　　要以科技创新推动产业创新，特别是以颠覆性技术和前沿技术催生新产业、新模式、新动能，发展新质生产力。完善新型举国体制，实施制造业重点产业链高质量发展行动，加强质量支撑和标准引领，提升产业链供应链韧性和安全水平。要大力推进新型工业化，发展数字经济，加快推动人工智能发展。打造生物制造、商业航天、低空经济等若干战略性新兴产业，开辟量子、生命科学等未来产业新赛道，广泛应用数智技术、绿色技术，加快传统产业转型升级。加强应用基础研究和前沿研究，强化企业科技创新主体地位。鼓励发展创业投资、股权投资。

029　人民日报·评论员观察／李斌

032　以科技创新引领现代化产业体系建设／刘元春

038　坚决扛牢实现新型工业化这个关键任务／中共工业和信息化部党组

二、着力扩大国内需求

要激发有潜能的消费，扩大有效益的投资，形成消费和投资相互促进的良性循环。推动消费从疫后恢复转向持续扩大，培育壮大新型消费，大力发展数字消费、绿色消费、健康消费，积极培育智能家居、文娱旅游、体育赛事、国货"潮品"等新的消费增长点。稳定和扩大传统消费，提振新能源汽车、电子产品等大宗消费。增加城乡居民收入，扩大中等收入群体规模，优化消费环境。要以提高技术、能耗、排放等标准为牵引，推动大规模设备更新和消费品以旧换新。发挥好政府投资的带动放大效应，重点支持关键核心技术攻关、新型基础设施、节能减排降碳，培育发展新动能。完善投融资机制，实施政府和社会资本合作新机制，支持社会资本参与新型基础设施等领域建设。

051　人民日报·评论员观察／何娟

054　论新发展格局下的扩大内需战略／黄群慧　杨耀武

086　培育经济发展新动能／徐强

三、深化重点领域改革

要谋划进一步全面深化改革重大举措，为推动高质量发展、加快中国式现代化建设持续注入强大动力。不断完善落实"两个毫不动摇"的体制机制，充分激发各类经营主体的内生动力和创新活力。深入实施国有企业改革深化提升行动，增强核心功能、提高核心竞争力。促进民营企业发展壮大，在市场准入、要素获取、公平执法、权益保护等方面落实一批举措。促进中小企业专精特新发展。加快全国统一大市场建设，着力破除各种形式的地方保护和市场分割。有效降低全社会物流成本。要谋划新一轮财税体制改革，落实金融体制改革。

091 人民日报·评论员观察 / 李洪兴

094 妥善处理公有制与市场经济的关系 / 桑百川

101 建设全国统一大市场的重大意义及重点方向 / 王大树

四、扩大高水平对外开放

要加快培育外贸新动能，巩固外贸外资基本盘，拓展中间品贸易、服务贸易、数字贸易、跨境电商出口。放宽电信、医疗等服务业市场准入，对标国际高标准经贸规则，认真解决数据跨境流动、平等参与政府采购等问题，持续建设市场化、法治化、国际化一流营商环境，打造"投资中国"品牌。切实打通外籍人员来华经商、学习、旅游的堵点。抓好支持高质量共建"一带一路"八项行动的落实落地，统筹推进重大标志性工程和"小而美"民生项目。

115 人民日报·评论员观察 / 孟繁哲

118 以高水平对外开放拓展中国式现代化发展空间 / 任鸿斌

126 以高水平开放获得发展与改革的新动能 / 江小涓

五、持续有效防范化解重点领域风险

要统筹化解房地产、地方债务、中小金融机构等风险，严厉打击非法金融活动，坚决守住不发生系统性风险的底线。积极稳妥化解房地产风险，一视同仁满足不同所有制房地产企业的合理融资需求，促进房地产市场平稳健康发展。加快推进保障性住房建设、"平急两用"公共基础设施建设、城中村改造等"三大工程"。完善相关基础性制度，加快构建房地产发展新模式。统筹好地方债务风险化解和稳定发展，经济大省要真正挑起大梁，为稳定全国经济作出更大贡献。

139　人民日报·评论员观察／周人杰

142　持之以恒防范化解重大金融风险／黄卫挺

152　构建房地产发展新模式　促进高质量可持续发展／刘洪玉

六、坚持不懈抓好"三农"工作

要锚定建设农业强国目标，学习运用"千万工程"经验，有力有效推进乡村全面振兴，以确保国家粮食安全、确保不发生规模性返贫为底线，以提升乡村产业发展水平、提升乡村建设水平、提升乡村治理水平为重点，强化科技和改革双轮驱动，强化农民增收举措，集中力量抓好办成一批群众可感可及的实事，建设宜居宜业和美乡村。毫不放松抓好粮食等重要农产品稳定安全供给，探索建立粮食产销区省际横向利益补偿机制，改革完善耕地占补平衡制度，提高高标准农田建设投入标准。树立大农业观、大食物观，把农业建成现代化大产业。

159　人民日报·评论员观察／尹双红

162　借鉴脱贫攻坚经验，全面推进乡村振兴／刘焕鑫

168　完善主粮保险机制　助力筑牢国家粮食安全防线／郑凤宜

七、推动城乡融合、区域协调发展

要把推进新型城镇化和乡村全面振兴有机结合起来，促进各类要素双向流动，推动以县城为重要载体的新型城镇化建设，形成城乡融合发展新格局。实施城市更新行动，打造宜居、韧性、智慧城市。充分发挥各地区比较优势，按照主体功能定位，积极融入和服务构建新发展格局。优化重大生产力布局，加强国家战略腹地建设。大力发展海洋经济，建设海洋强国。

177　人民日报·评论员观察 / 周珊珊

180　加快形成城乡融合发展新格局 / 黄承伟

185　推动区域协调发展向更高质量迈进 / 刘培林　肖文

八、深入推进生态文明建设和绿色低碳发展

建设美丽中国先行区，打造绿色低碳发展高地。积极稳妥推进碳达峰碳中和，加快打造绿色低碳供应链。持续深入打好蓝天、碧水、净土保卫战。完善生态产品价值实现机制。落实集体林权制度改革。加快建设新型能源体系，加强资源节约集约循环高效利用，提高能源资源安全保障能力。

197　人民日报·评论员观察 / 崔妍

200　全面推进美丽中国建设　加快推进人与自然和谐共生的现代化 /
　　　孙金龙　黄润秋

206　为推进中国式现代化贡献能源力量 / 章建华

九、切实保障和改善民生

要坚持尽力而为、量力而行，兜住、兜准、兜牢民生底线。更加突出就业优先导向，确保重点群体就业稳定。织密扎牢社会保障网，健全分层分类的社会救助体系。加快完善生育支持政策体系，发展银发经济，推动人口高质量发展。

215　人民日报·评论员观察 / 张凡

218　不断实现人民对美好生活的向往 / 詹成付

225　坚持在发展中保障和改善民生 / 赖德胜

总 论 篇

➢ 中央经济工作会议在北京举行

➢ 人民日报评论员文章

　　增强信心和底气，着力推动高质量发展
　　准确把握明年经济工作的总体要求和政策取向
　　突出重点，把握关键，扎实做好经济工作
　　切实增强做好经济工作的责任感使命感

中央经济工作会议在北京举行

习近平发表重要讲话　李强作总结讲话
赵乐际王沪宁蔡奇丁薛祥李希出席会议

■ 做好明年经济工作，要以习近平新时代中国特色社会主义思想为指导，全面贯彻落实党的二十大和二十届二中全会精神，坚持稳中求进工作总基调，完整、准确、全面贯彻新发展理念，加快构建新发展格局，着力推动高质量发展，全面深化改革开放，推动高水平科技自立自强，加大宏观调控力度，统筹扩大内需和深化供给侧结构性改革，统筹新型城镇化和乡村全面振兴，统筹高质量发展和高水平安全，切实增强经济活力、防范化解风险、改善社会预期，巩固和增强经济回升向好态势，持续推动经济实现质的有效提升和量的合理增长，增进民生福祉，保持社会稳定，以中国式现代化全面推进强国建设、民族复兴伟业

本报北京12月12日电　中央经济工作会议12月11日至12日在北京举行。中共中央总书记、国家主席、中央军委主席习近平出席会议并发表重要讲话。中共中央政治局常委李强、赵乐际、王沪宁、蔡奇、丁薛祥、李希出席会议。

习近平在重要讲话中全面总结2023年经济工作，深刻分析当前经济形势，系统部署2024年经济工作。李强作总结讲话，对贯彻落实习近平

总书记重要讲话精神、做好明年经济工作提出要求。

会议认为，今年是全面贯彻党的二十大精神的开局之年，是三年新冠疫情防控转段后经济恢复发展的一年。以习近平同志为核心的党中央团结带领全党全国各族人民，顶住外部压力、克服内部困难，全面深化改革开放，加大宏观调控力度，着力扩大内需、优化结构、提振信心、防范化解风险，我国经济回升向好，高质量发展扎实推进。现代化产业体系建设取得重要进展，科技创新实现新的突破，改革开放向纵深推进，安全发展基础巩固夯实，民生保障有力有效，全面建设社会主义现代化国家迈出坚实步伐。

会议指出，进一步推动经济回升向好需要克服一些困难和挑战，主要是有效需求不足、部分行业产能过剩、社会预期偏弱、风险隐患仍然较多，国内大循环存在堵点，外部环境的复杂性、严峻性、不确定性上升。要增强忧患意识，有效应对和解决这些问题。综合起来看，我国发展面临的有利条件强于不利因素，经济回升向好、长期向好的基本趋势没有改变，要增强信心和底气。

会议认为，近年来，在党中央坚强领导下，我们有效统筹国内国际两个大局、统筹疫情防控和经济社会发展、统筹发展和安全，深化了新时代做好经济工作的规律性认识。必须把坚持高质量发展作为新时代的硬道理，完整、准确、全面贯彻新发展理念，推动经济实现质的有效提升和量的合理增长。必须坚持深化供给侧结构性改革和着力扩大有效需求协同发力，发挥超大规模市场和强大生产能力的优势，使国内大循环建立在内需主动力的基础上，提升国际循环质量和水平。必须坚持依靠改革开放增强发展内生动力，统筹推进深层次改革和高水平开放，不断解放和发展社会生产力、激发和增强社会活力。必须坚持高质量发展和高水平安全良性互动，以高质量发展促进高水平安全，以高水平安全保障高质量发展，发展和安全要动态平衡、相得益彰。必须把推进中国式现代化作为最大的政治，在党的统一领导下，团结最广大人民，聚焦经济建设这一中心工作和高质量发展这一首要任务，把中国式现代化宏伟蓝图一步步变成美好现实。

会议强调，做好明年经济工作，要以习近平新时代中国特色社会主义思想为指导，全面贯彻落实党的二十大和二十届二中全会精神，坚持稳中求进工作总基调，完整、准确、全面贯彻新发展理念，加快构建新发展格局，着力推动高质量发展，全面深化改革开放，推动高水平科技自立自强，加大宏观调控力度，统筹扩大内需和深化供给侧结构性改革，统筹新型城镇化和乡村全面振兴，统筹高质量发展和高水平安全，切实增强经济活力、防范化解风险、改善社会预期，巩固和增强经济回升向好态势，持续推动经济实现质的有效提升和量的合理增长，增进民生福祉，保持社会稳定，以中国式现代化全面推进强国建设、民族复兴伟业。

会议要求，明年要坚持稳中求进、以进促稳、先立后破，多出有利于稳预期、稳增长、稳就业的政策，在转方式、调结构、提质量、增效益上积极进取，不断巩固稳中向好的基础。要强化宏观政策逆周期和跨周期调节，继续实施积极的财政政策和稳健的货币政策，加强政策工具创新和协调配合。

积极的财政政策要适度加力、提质增效。要用好财政政策空间，提高资金效益和政策效果。优化财政支出结构，强化国家重大战略任务财力保障。合理扩大地方政府专项债券用作资本金范围。落实好结构性减税降费政策，重点支持科技创新和制造业发展。严格转移支付资金监管，严肃财经纪律。增强财政可持续性，兜牢基层"三保"底线。严控一般性支出。党政机关要习惯过紧日子。

稳健的货币政策要灵活适度、精准有效。保持流动性合理充裕，社会融资规模、货币供应量同经济增长和价格水平预期目标相匹配。发挥好货币政策工具总量和结构双重功能，盘活存量、提升效能，引导金融机构加大对科技创新、绿色转型、普惠小微、数字经济等方面的支持力度。促进社会综合融资成本稳中有降。保持人民币汇率在合理均衡水平上的基本稳定。

要增强宏观政策取向一致性。加强财政、货币、就业、产业、区域、科技、环保等政策协调配合，把非经济性政策纳入宏观政策取向一致性评估，强化政策统筹，确保同向发力、形成合力。加强经济宣传和舆论引导，唱响中国经济光明论。

会议强调，明年要围绕推动高质量发展，突出重点，把握关键，扎实做好经济工作。

一是以科技创新引领现代化产业体系建设。要以科技创新推动产业创新，特别是以颠覆性技术和前沿技术催生新产业、新模式、新动能，发展新质生产力。完善新型举国体制，实施制造业重点产业链高质量发展行动，加强质量支撑和标准引领，提升产业链供应链韧性和安全水平。要大力推进新型工业化，发展数字经济，加快推动人工智能发展。打造生物制造、商业航天、低空经济等若干战略性新兴产业，开辟量子、生命科学等未来产业新赛道，广泛应用数智技术、绿色技术，加快传统产业转型升级。加强应用基础研究和前沿研究，强化企业科技创新主体地位。鼓励发展创业投资、股权投资。

二是着力扩大国内需求。要激发有潜能的消费，扩大有效益的投资，形成消费和投资相互促进的良性循环。推动消费从疫后恢复转向持续扩大，培育壮大新型消费，大力发展数字消费、绿色消费、健康消费，积极培育智能家居、文娱旅游、体育赛事、国货"潮品"等新的消费增长点。稳定和扩大传统消费，提振新能源汽车、电子产品等大宗消费。增加城乡居民收入，扩大中等收入群体规模，优化消费环境。要以提高技术、能耗、排放等标准为牵引，推动大规模设备更新和消费品以旧换新。发挥好政府投资的带动放大效应，重点支持关键核心技术攻关、新型基础设施、节能减排降碳，培育发展新动能。完善投融资机制，实施政府和社会资本合作新机制，支持社会资本参与新型基础设施等领域建设。

三是深化重点领域改革。要谋划进一步全面深化改革重大举措，为推动高质量发展、加快中国式现代化建设持续注入强大动力。不断完善落实"两个毫不动摇"的体制机制，充分激发各类经营主体的内生动力和创新活力。深入实施国有企业改革深化提升行动，增强核心功能、提高核心竞争力。促进民营企业发展壮大，在市场准入、要素获取、公平执法、权益保护等方面落实一批举措。促进中小企业专精特新发展。加快全国统一大市场建设，着力破除各种形式的地方保护和市场分割。有效降低全社会物流成本。要谋划新一轮财税体制改革，落实金融体制改革。

四是扩大高水平对外开放。要加快培育外贸新动能，巩固外贸外资基本盘，拓展中间品贸易、服务贸易、数字贸易、跨境电商出口。放宽电信、医疗等服务业市场准入，对标国际高标准经贸规则，认真解决数据跨境流动、平等参与政府采购等问题，持续建设市场化、法治化、国际化一流营商环境，打造"投资中国"品牌。切实打通外籍人员来华经商、学习、旅游的堵点。抓好支持高质量共建"一带一路"八项行动的落实落地，统筹推进重大标志性工程和"小而美"民生项目。

五是持续有效防范化解重点领域风险。要统筹化解房地产、地方债务、中小金融机构等风险，严厉打击非法金融活动，坚决守住不发生系统性风险的底线。积极稳妥化解房地产风险，一视同仁满足不同所有制房地产企业的合理融资需求，促进房地产市场平稳健康发展。加快推进保障性住房建设、"平急两用"公共基础设施建设、城中村改造等"三大工程"。完善相关基础性制度，加快构建房地产发展新模式。统筹好地方债务风险化解和稳定发展，经济大省要真正挑起大梁，为稳定全国经济作出更大贡献。

六是坚持不懈抓好"三农"工作。要锚定建设农业强国目标，学习运用"千万工程"经验，有力有效推进乡村全面振兴，以确保国家粮食安全、确保不发生规模性返贫为底线，以提升乡村产业发展水平、提升乡村建设水平、提升乡村治理水平为重点，强化科技和改革双轮驱动，强化农民增收举措，集中力量抓好办成一批群众可感可及的实事，建设宜居宜业和美乡村。毫不放松抓好粮食等重要农产品稳定安全供给，探索建立粮食产销区省际横向利益补偿机制，改革完善耕地占补平衡制度，提高高标准农田建设投入标准。树立大农业观、大食物观，把农业建成现代化大产业。

七是推动城乡融合、区域协调发展。要把推进新型城镇化和乡村全面振兴有机结合起来，促进各类要素双向流动，推动以县城为重要载体的新型城镇化建设，形成城乡融合发展新格局。实施城市更新行动，打造宜居、韧性、智慧城市。充分发挥各地区比较优势，按照主体功能定位，积极融入和服务构建新发展格局。优化重大生产力布局，加强国家战略腹地建设。大力发展海洋经济，建设海洋强国。

八是深入推进生态文明建设和绿色低碳发展。建设美丽中国先行区，打造绿色低碳发展高地。积极稳妥推进碳达峰碳中和，加快打造绿色低碳供应链。持续深入打好蓝天、碧水、净土保卫战。完善生态产品价值实现机制。落实集体林权制度改革。加快建设新型能源体系，加强资源节约集约循环高效利用，提高能源资源安全保障能力。

九是切实保障和改善民生。要坚持尽力而为、量力而行，兜住、兜准、兜牢民生底线。更加突出就业优先导向，确保重点群体就业稳定。织密扎牢社会保障网，健全分层分类的社会救助体系。加快完善生育支持政策体系，发展银发经济，推动人口高质量发展。

会议指出，要深刻领会党中央对经济形势的科学判断，切实增强做好经济工作的责任感使命感，抓住一切有利时机，利用一切有利条件，看准了就抓紧干，能多干就多干一些，努力以自身工作的确定性应对形势变化的不确定性。要全面贯彻明年经济工作的总体要求，注意把握和处理好速度与质量、宏观数据与微观感受、发展经济与改善民生、发展与安全的关系，不断巩固和增强经济回升向好态势。要准确把握明年经济工作的政策取向，在政策实施上强化协同联动、放大组合效应，在政策储备上打好提前量、留出冗余度，在政策效果评价上注重有效性、增强获得感，着力提升宏观政策支持高质量发展的效果。要讲求工作推进的方式方法，抓住主要矛盾，突破瓶颈制约，注重前瞻布局，确保明年经济工作重点任务落地落实。要始终保持奋发有为的精神状态，胸怀"国之大者"，主动担当作为，加强协同配合，积极谋划用好牵引性、撬动性强的工作抓手，扎实推动高质量发展。

会议强调，要坚持和加强党的全面领导，深入贯彻落实党中央关于经济工作的决策部署。要不折不扣抓落实，确保最终效果符合党中央决策意图。要雷厉风行抓落实，统筹把握时度效。要求真务实抓落实，坚决纠治形式主义、官僚主义。要敢作善为抓落实，坚持正确用人导向，充分发挥各级领导干部的积极性主动性创造性。要巩固拓展主题教育成果，并转化为推动高质量发展的成效。

会议要求，要做好岁末年初重要民生商品保供稳价，保障农民工工资按时足额发放，关心困难群众生产生活，深入落实安全生产责任制，守护好人民群众生命财产安全和身体健康。

会议号召，全党要紧密团结在以习近平同志为核心的党中央周围，坚定信心、开拓奋进，努力实现经济社会发展各项目标任务，以高质量发展的实际行动和成效，为以中国式现代化全面推进强国建设、民族复兴伟业作出新的更大贡献。

中共中央政治局委员、中央书记处书记，全国人大常委会有关领导同志，国务委员，最高人民法院院长，最高人民检察院检察长，全国政协有关领导同志以及中央军委委员等出席会议。

各省、自治区、直辖市和计划单列市、新疆生产建设兵团党政主要负责同志，中央和国家机关有关部门、有关人民团体、中央管理的部分金融机构和企业、中央军委机关各部门主要负责同志等参加会议。

《人民日报》2023年12月13日

增强信心和底气，着力推动高质量发展

——论学习贯彻中央经济工作会议精神

人民日报评论员

"全面建设社会主义现代化国家迈出坚实步伐"，中央经济工作会议12月11日至12日在北京举行，习近平总书记出席会议并发表重要讲话，全面总结2023年经济工作，深刻分析当前经济形势，系统部署2024年经济工作，为做好明年经济工作，以中国式现代化全面推进强国建设、民族复兴伟业指明了前进方向、提供了根本遵循。

2023年是全面贯彻党的二十大精神的开局之年，是三年新冠疫情防控转段后经济恢复发展的一年。面对国际政治经济环境不利因素增多、国内周期性和结构性矛盾叠加的错综复杂形势，以习近平同志为核心的党中央团结带领全党全国各族人民迎难而上，顶住外部压力、克服内部困难，坚持稳中求进工作总基调，全面深化改革开放，加大宏观调控力度，着力扩大内需、优化结构、提振信心、防范化解风险，我国经济回升向好，高质量发展扎实推进。一年来，我国现代化产业体系建设取得重要进展，科技创新实现新的突破，改革开放向纵深推进，安全发展基础巩固夯实，民生保障有力有效，中国经济大船乘风破浪持续前行。

在世界百年变局加速演进、国际环境发生深刻变化的复杂局面下，中国经济顶住了压力，稳定了规模，提升了质量。今年的经济运行和经济工作成绩，充分印证了以习近平同志为核心的党中央对形势判断和相关决策的正确性预见性，充分证明了党中央具有在复杂多变的局面下驾驭经济工作的高超智慧和娴熟能力。当前，我国具有社会主义市场经济的体制优势、超大规模市场的需求优势、产业体系配套完整的供给优势、大量高素质劳动者和企业家的人才优势，经济发展具备强劲的内生动力、韧性、潜力。综合起来看，我国发展面临的有利条件强于不利因素，经济回升向好、长期向好的基本趋势没有改变。只要我们坚定信心，振奋精神，团结奋斗，继续爬坡过坎、攻坚克难，坚定不移朝着强国建设、民族复兴的宏伟目标奋勇前进，就一定能够把我国发展进步的命运牢牢掌握在自己手中。

成绩来之不易，经验尤为宝贵。中央经济工作会议指出，"必须把坚持高质量发展作为新时代的硬道理""必须坚持深化供给侧结构性改革和着力扩大有效需求协同发力""必须坚持依靠改革开放增强发展内生动力""必须坚持高质量发展和高水平安全良性互动""必须把推进中国式现代化作为最大的政治"。这"五个必须"，是在以习近平同志为核心的党中央坚强领导下，我们有效统筹国内国际两个大局、统筹疫情防控和经济社会发展、统筹发展和安全，对新时代做好经济工作规律性认识的深化。中国式现代化是前无古人的开创性事业，推动高质量发展是有效防范化解各种重大风险挑战、以中国式现代化全面推进中华民族伟大复兴的必然要求。前进道路上，完整、准确、全面贯彻新发展理念，推动经济实现质的有效提升和量的合理增长，发挥超大规模市场和强大生产能力的优势，统筹推进深层次改革和高水平开放，以高质量发展促进高水平安全，以高水平安全保障高质量发展，聚焦经济建设这一中心工作和高质量发展这一首要任务，才能把中国式现代化宏伟蓝图一步步变成美好现实。

当今世界变乱交织，我国发展进入战略机遇和风险挑战并存、不确定难预料因素增多的时期，经济恢复仍处在关键阶段。2024年是中华人民共和国成立75周年，是实施"十四五"规划的关键一年，做好经济工作意义重大。要把思想和行动统一到习近平总书记重要讲话精神上来，深刻领会党中央对经济形势的科学判断，切实增强做好经济工作的责任感使命感，全面贯彻明年经济工作的总体要求，准确把握明年经济工作的政策取向，确保明年经济工作重点任务落地落实。要增强信心和底气，始终保持奋发有为的精神状态，有效应对和解决经济发展面临的问题，努力以自身工作的确定性应对形势变化的不确定性，以新气象新作为推动高质量发展取得新成效。

2024年经济工作的大政方针已定，巩固和增强经济回升向好态势，持续推动经济实现质的有效提升和量的合理增长，使命在肩、责任重大。让我们更加紧密地团结在以习近平同志为核心的党中央周围，坚持以习近平新时代中国特色社会主义思想为指导，深刻领悟"两个确立"的决定性意义，增强"四个意识"、坚定"四个自信"、做到"两个维护"，坚定信心、开拓奋进，努力实现经济社会发展各项目标任务，以高质量发展的实际行动和成效，为以中国式现代化全面推进强国建设、民族复兴伟业作出新的更大贡献。

《人民日报》2023年12月14日

准确把握明年经济工作的总体要求和政策取向

——论学习贯彻中央经济工作会议精神

人民日报评论员

2024年是中华人民共和国成立75周年，是实施"十四五"规划的关键一年，做好经济工作意义重大。中央经济工作会议明确提出明年经济工作的总体要求和政策取向，强调"要坚持稳中求进、以进促稳、先立后破"，为做好明年经济工作提供了行动指南。

纲举则目张，执本则末从。明确"以习近平新时代中国特色社会主义思想为指导"，强调"坚持稳中求进工作总基调，完整、准确、全面贯彻新发展理念，加快构建新发展格局，着力推动高质量发展"，指出"统筹扩大内需和深化供给侧结构性改革，统筹新型城镇化和乡村全面振兴，统筹高质量发展和高水平安全"，要求"切实增强经济活力、防范化解风险、改善社会预期"……中央经济工作会议对做好明年经济工作提出总体要求，充分体现了以习近平同志为核心的党中央对当前我国经济形势的科学判断和明年经济工作的统筹谋划，是中国经济巨轮劈波斩浪、行稳致远的重要指引。我们要把思想和行动统一到习近平总书记在中央经济工作会议上的重要讲话精神和党中央决策部署上来，全面贯彻明年经济工作的总体要求，注意把握和处理好速度与质量、宏观数据与微观感受、发展经济与改善民生、发展与安全的关系，不断巩固和增强经济回升向好态势，持续推动经济实现质的有效提升和量的合理增长。

坚持稳中求进、以进促稳、先立后破，这是以习近平同志为核心的党中央深入分析国内外形势作出的重大部署，体现了鲜明的问题导向、目标导向，为做好明年经济工作提供了重要的认识论和科学的方法论。中央经济工作会议指出，"多出有利于稳预期、稳增长、稳就业的政策，在转方式、调结构、提质量、增效益上积极进取"。必须深刻认识到，"稳"和"进"是辩证统一的，稳是大局和基础，进是方向和动力。面对国际国内环境发生的深刻复杂变化，面对进一步推动经济回升向好需要克服的一些困难和挑战，只有坚持稳中求进、以进促稳、先立后破，做到大方向要稳，方针政策要稳，战略部署要稳，在守住根基、稳住阵脚的基础上积极进取，该立的要积极主动立起来，该破的要在立的基础上坚决破，才能不断巩固稳中向好的基础，推动中国经济不断迈向高质量发展。

中央经济工作会议提出："要强化宏观政策逆周期和跨周期调节，继续实施积极的财政政策和稳健的货币政策，加强政策工具创新和协调配合。"2024年经济工作的政策取向十分明确，认真贯彻中央经济工作会议的要求，积极的财政政策要适度加力、提质增效，用好财政政策空间，优化财政支出结构，强化国家重大战略任务财力保障，落实好结构性减税降费政策，重点支持科技创新和制造业发展，增强财政可持续性，兜牢基层"三保"底线。稳健的货币政策要灵活适度、精准有效，保持流动性合理充裕，发挥好货币政策工具总量和结构双重功能，引导金融机构加大对科技创新、绿色转型、普惠小微、数字经济等方面的支持力度，促进社会综合融资成本稳中有降。要增强宏观政策取向一致性，加强财政、货币、就业、产业、区域、科技、环保等政策协调配合，把非经济性政策纳入宏观政策取向一致性评估，强化政策统筹，在政策实施上强化协同联动、放大组合效应，在政策储备上打好提前量、留出冗余度，在政策效果评价上注重有效性、增强获得感，确保同向发力、形成合力，着力提升宏观政策支持高质量发展的效果。我国经济回升向好、长期向好的基本趋势没有改变，要增强信心和底气，改善社会预期，加强经济宣传和舆论引导，理直气壮唱响中国经济光明论。

百舸争流千帆竞，长风万里启新程。越是任务艰巨、挑战严峻，越要洞察时与势、把握稳和进。在以习近平同志为核心的党中央坚强领导下，深入学习贯彻习近平新时代中国特色社会主义思想，准确把握明年经济工作的总体要求和政策取向，稳扎稳打、善作善成，以更加奋发有为的精神状态推进各项工作，我们完全有信心、有底气、有能力实现经济社会发展各项目标任务，牢牢掌握发展主动权。

《人民日报》2023年12月15日

突出重点，把握关键，扎实做好经济工作
——论学习贯彻中央经济工作会议精神

人民日报评论员

"明年要围绕推动高质量发展，突出重点，把握关键，扎实做好经济工作。"中央经济工作会议对2024年经济工作从9个方面作出了重点部署。

高质量发展是全面建设社会主义现代化国家的首要任务，这次中央经济工作会议深刻总结新时代做好经济工作的规律性认识，排在首位的就是"必须把坚持高质量发展作为新时代的硬道理"。应当看到，发展是党执政兴国的第一要务，没有坚实的物质技术基础，就不可能全面建成社会主义现代化强国；发展必须是高质量发展，只有坚持高质量发展，推动经济实现质的有效提升和量的合理增长，才能不断满足人民日益增长的美好生活需要。以科技创新引领现代化产业体系建设，着力扩大国内需求，深化重点领域改革，扩大高水平对外开放，持续有效防范化解重点领域风险，坚持不懈抓好"三农"工作，推动城乡融合、区域协调发展，深入推进生态文明建设和绿色低碳发展，切实保障和改善民生……中央经济工作会议明确的9个方面重点任务，充分体现了创新成为第一动力、协调成为内生特点、绿色成为普遍形态、开放成为必由之路、共享成为根本目的的高质量发展指向，体现了统筹扩大内需和深化供给

侧结构性改革、统筹新型城镇化和乡村全面振兴、统筹高质量发展和高水平安全的要求，对于我们纲举目张做好工作、扎实推动高质量发展具有重要意义。

"知之愈明，则行之愈笃。"抓好抓实2024年经济工作重点任务，必须深入领会、准确理解，确保最终效果符合党中央决策意图。要深刻认识到，加快实现高水平科技自立自强，是推动高质量发展的必由之路，深化供给侧结构性改革，核心是以科技创新推动产业创新。内需市场是一个巨大的富矿，构建完整的内需体系，关系我国长远发展和长治久安。改革开放是决定当代中国命运的关键一招，只有坚持依靠改革开放才能增强发展内生动力。安全是发展的基础，稳定是强盛的前提，只有坚持高质量发展和高水平安全良性互动，才能牢牢把握发展主动权。农业强国是社会主义现代化强国的根基，只有坚持不懈抓好"三农"工作，才能满足人民美好生活需要、实现高质量发展、夯实国家安全基础。协调是持续健康发展的内在要求，只有实现了城乡、区域协调发展，国内大循环的空间才能更广阔、成色才能更足。中国式现代化是人与自然和谐共生的现代化，只有把绿色发展的底色铺好，才会有今后发展的高歌猛进。人民幸福安康是推动高质量发展的最终目的，只有把发展成果不断转化为生活品质，才能不断增强人民群众的获得感、幸福感、安全感。

做好2024年经济工作，关键要按照中央经济工作会议的部署，全力完成各项重点任务。要以科技创新推动产业创新，特别是以颠覆性技术和前沿技术催生新产业、新模式、新动能，发展新质生产力，提升产业链供应链韧性和安全水平。要激发有潜能的消费，扩大有效益的投资，形成消费和投资相互促进的良性循环。要谋划进一步全面深化改革重大举措，为推动高质量发展、加快中国式现代化建设持续注入强大动力。要加快培育外贸新动能，巩固外贸外资基本盘，抓好支持高质量共建"一带一路"八项行动的落实落地。要统筹化解房地产、地方债务、中小金融机构等风险，坚决守住不发生系统性风险的底线。要锚定建设农业强国目标，有力有效推进乡村全面振兴，建设宜居宜业和美乡村。要把推进新型城镇化和乡村全面振兴有机结合起来，形成城乡融合发展新格局，充分发挥各地区比较优势，按照主体功能定位，积极融入和服务构建新发展格局。要积极稳妥推进碳达峰碳中和，提高能源资源安全保障能力。要坚持尽力而为、量力而行，兜住、兜准、兜牢民生底线，确保重点群体就业稳定，织密扎牢社会保障网，推动人口高质量发展。

大道至简，实干为要。做好2024年经济工作、把各项重点任务落实好，关键在行动，关键靠实干。要把思想和行动统一到习近平总书记在中央经济工作会议上的重要讲话精神和党中央决策部署上来，切实增强做好经济工作的责任感使命感，抓住一切有利时机，利用一切有利条件，看准了就抓紧干，能多干就多干一些，努力以自身工作的确定性应对形势变化的不确定性。要讲求工作推进的方式方法，抓住主要矛盾，突破瓶颈制约，注重前瞻布局，确保重点任务落地落实。要始终保持奋发有为的精神状态，胸怀"国之大者"，主动担当作为，加强协同配合，积极谋划用好牵引性、撬动性强的工作抓手，以高质量发展的实际行动和成效，为以中国式现代化全面推进强国建设、民族复兴伟业作出新的更大贡献。

"新征程上，我们的前途一片光明，但脚下的路不会是一马平川。"征途漫漫，惟有奋斗。让我们更加紧密地团结在以习近平同志为核心的党中央周围，全面贯彻习近平新时代中国特色社会主义思想，坚定信心、开拓奋进，全力以赴完成好明年经济工作重点任务，以新气象新作为推动高质量发展取得新成效。

《人民日报》2023年12月16日

切实增强做好经济工作的责任感使命感

——论学习贯彻中央经济工作会议精神

人民日报评论员

坚持和加强党的全面领导是做好经济工作的根本保证，是高质量发展的必然要求。中央经济工作会议指出"要深刻领会党中央对经济形势的科学判断，切实增强做好经济工作的责任感使命感"，强调"要坚持和加强党的全面领导，深入贯彻落实党中央关于经济工作的决策部署"。

党的领导直接关系中国式现代化的根本方向、前途命运、最终成败。今年以来，面对风高浪急的国际环境和艰巨繁重的国内改革发展稳定任务，中国经济顶住了压力，稳定了规模，提升了质量，全面建设社会主义现代化国家迈出坚实步伐，充分印证了以习近平同志为核心的党中央对形势判断和相关决策的正确性预见性，充分彰显了"两个确立"的决定性意义。当前，我国经济恢复仍处在关键阶段，进一步推动经济回升向好需要克服一些困难和挑战。越是任务艰巨、挑战严峻，越要发挥党中央集中统一领导的定海神针作用，在党的旗帜下团结成"一块坚硬的钢铁"，形成心往一处想、劲往一处使的生动局面，坚定信心、开拓奋进，以咬定青山不放松的执着奋力实现既定目标。

这次中央经济工作会议对抓落实提出明确要求，强调要"不折不扣抓落实""雷厉风行抓落实""求真务实抓落实""敢作善为抓落实"，这为我们在抓落实上取得新成效指明了努力方向、提供了方法指引。必须深刻认识到，空谈误国、实干兴邦，一分部署、九分落实。不注重抓落实，不认真抓好落实，再好的规划和部署都会沦为空中楼阁。把党的二十大擘画的宏伟蓝图变成美好现实，把党中央关于经济工作的重大决策部署落到实处，关键在狠抓落实，关键在各级领导干部担当作为。要把思想和行动统一到习近平总书记在中央经济工作会议上的重要讲话精神和党中央决策部署上来，切实增强做好经济工作的责任感使命感，抓住一切有利时机，利用一切有利条件，以真抓的实劲、敢抓的狠劲、善抓的巧劲、常抓的韧劲，确保明年经济工作重点任务落地落实，扎实推动高质量发展。

习近平总书记深刻指出："抓落实，是党的政治路线、思想路线、群众路线的根本要求，也是衡量领导干部党性和政绩观的重要标志。"做到不折不扣抓落实，就要对"国之大者"领悟到位，确保执行不偏向、不变通、不走样，确保最终效果符合党中央决策意图。做到雷厉风行抓落实，就要有马上就办的意识，统筹把握时度效，力求最好效果，看准了就抓紧干，能多干就多干一些。做到求真务实抓落实，就要坚决纠治形式主义、官僚主义，让干部群众的精力真正花在干实事上，坚持一切从实际出发，实事求是、因地制宜，"一把钥匙开一把锁"。做到敢作善为抓落实，就要坚持正确用人导向，准确把握亲清统一的新型政商关系，让各级领导干部轻装上阵干事创业，充分发挥抓落实的积极性主动性创造性。要巩固拓展主题教育成果，并转化为推动高质量发展的成效。

团结就是力量，信心赛过黄金。当前我国发展面临的有利条件强于不利因素，经济回升向好、长期向好的基本趋势没有改变。更加紧密地团结在以习近平同志为核心的党中央周围，全面贯彻习近平新时代中国特色社会主义思想，始终保持奋发有为的精神状态，增强"时时放心不下"的责任担当，真抓实干、埋头苦干、齐心协力、顽强拼搏，我们一定能够巩固和增强经济回升向好态势，推动中国经济大船乘风破浪持续前行，在强国建设、民族复兴新征程上作出新的更大贡献、创造新的时代辉煌。

《人民日报》2023年12月17日

分 论 篇

- 一、以科技创新引领现代化产业体系建设
- 二、着力扩大国内需求
- 三、深化重点领域改革
- 四、扩大高水平对外开放
- 五、持续有效防范化解重点领域风险
- 六、坚持不懈抓好"三农"工作
- 七、推动城乡融合、区域协调发展
- 八、深入推进生态文明建设和绿色低碳发展
- 九、切实保障和改善民生

一 以科技创新引领现代化产业体系建设

人民日报·评论员观察 / 李斌

以科技创新引领现代化产业体系建设 / 刘元春

坚决扛牢实现新型工业化这个关键任务 / 中共工业和信息化部党组

> 要以科技创新推动产业创新,特别是以颠覆性技术和前沿技术催生新产业、新模式、新动能,发展新质生产力。完善新型举国体制,实施制造业重点产业链高质量发展行动,加强质量支撑和标准引领,提升产业链供应链韧性和安全水平。要大力推进新型工业化,发展数字经济,加快推动人工智能发展。打造生物制造、商业航天、低空经济等若干战略性新兴产业,开辟量子、生命科学等未来产业新赛道,广泛应用数智技术、绿色技术,加快传统产业转型升级。加强应用基础研究和前沿研究,强化企业科技创新主体地位。鼓励发展创业投资、股权投资。

人民日报·评论员观察

以科技创新引领现代化产业体系建设

——扎实做好2024年经济工作

李　斌

科技创新是我们深刻认识和把握"稳"与"进"辩证法的重要领域。没有科技创新就没有产业质变，也形成不了新质生产力

中国新能源汽车产销量连续多年位居全球第一，2023年前11个月新能源汽车出口同比增长83.5%。为什么新能源汽车产业能够跑出令人惊叹的"中国速度"？一个重要原因就在于，"中国制造"在电池技术、电机技术、智能驾驶等关键领域实现了重大突破，构建起系统完备、自主可控的全产业链条。由此管窥，科技创新正是提高产品竞争力、确保产业链安全可靠的根本依靠。

重视科技的历史作用，是马克思主义的一个基本观点。习近平总书记强调，"科技创新是提高社会生产力和综合国力的战略支撑，必须把科技创新摆在国家发展全局的核心位置"。不久前，中央经济工作会议系统部署做好2024年经济工作的重点任务，"以科技创新引领现代化产业体系建设"排在首位。与往年中央经济工作会议相比，"推动高水平科技自立自强"首次出现在经济工作的总体要求中。关于科技创新和产业创新

的重要部署,为推动高质量发展、牢牢掌握发展主动权提供了行动指引。

做好2024年经济工作要坚持稳中求进、以进促稳、先立后破。科技创新是我们深刻认识和把握"稳"与"进"辩证法的重要领域。没有科技创新就没有产业质变,也形成不了新质生产力。回顾世界经济发展历程,有新的科学理论作基础,有相应的新生产工具出现,是历次产业革命的共同特点。对我国发展而言,推动质量变革、效率变革、动力变革,都需要强大科技支撑。牵住科技创新这个"牛鼻子",走好科技创新这步"先手棋",才能在产业革命中占领先机、赢得优势。因此,要以科技创新推动产业创新,特别是以颠覆性技术和前沿技术催生新产业、新模式、新动能,塑造更多依靠创新驱动、更多发挥先发优势的引领型发展,从而不断形成新质生产力、实现高质量发展。

练好内功,方能不惧风雨。企业的腰杆硬不硬,产业的地基牢不牢,很大程度上取决于科技创新的意识和能力。曾经"金子卖出白菜价",如今"土里资源变黄金",稀土关键制备技术"为我掌握",支撑产业发展质量和效益持续提升。矿产资源产业打通上下游、跃入中高端,靠的是科技创新。树脂基碳纤维材料用于飞机制造,熔融纺丝纤维用于医疗临床手术,纺织行业通过研发新材料,跨界拓展了市场。传统产业增效能、绽新颜,靠的是科技创新。我国以工业互联网为代表的新一代信息技术已融入45个国民经济大类,国产大型邮轮等高端装备制造业快速成长。新兴产业建链,优势产业延链,靠的还是科技创新。把发展经济的着力点放在实体经济上,全面提升产业体系现代化水平,必须坚定不移加快推进高水平科技自立自强,加强科技创新和产业创新的深度融合。

目标是奋斗方向,问题是时代声音。我国一直存在科技成果向现实生产力转化不力、不顺、不畅的痼疾。对此,既要深化科技体制改革,打通体制机制关卡，也要优化政策，强化企业创新主体地位。一方面，促进各类创新要素向企业集聚，推动企业成为技术创新决策、研发投入、科研组织和成果转化的主体。另一方面，发挥市场的导向作用，鼓励发展创业投资、股权投资，让市场真正在创新资源配置中起决定性作用。

当前全球新一轮科技革命和产业变革方兴未艾，通用人工智能、生命科学等领域前沿技术正在深刻改变着工业生产函数，蕴含着巨大商机，创造着巨大需求。在这个科技创新的大赛场上，统筹好科技创新和产业创新，才能迎头赶上、奋起直追、力争超越。把坚持高质量发展作为新时代的硬道理，以科技创新引领现代化产业体系建设，不仅将为经济发展塑造新动能新优势，还能以现代化产业体系为其他领域现代化提供有力支撑，把中国式现代化宏伟蓝图一步步变为美好现实。

《人民日报》2024年01月02日

以科技创新引领现代化产业体系建设

刘元春

2023年底召开的中央经济工作会议系统部署2024年经济工作，围绕推动高质量发展提出九项重点任务，其中"以科技创新引领现代化产业体系建设"排在首位。这是把握新一轮科技革命和产业变革机遇的战略选择，也是推动我国在未来发展和国际竞争中赢得战略主动的必然之举。我们要聚焦经济建设这一中心工作和高质量发展这一首要任务，促进科技创新与实体经济深度融合，加快发展新质生产力，推进产业智能化、绿色化、融合化，为加快构建新发展格局奠定坚实基础，不断增强发展的安全性主动权。

以科技创新为支撑，加快形成和发展新质生产力

生产力发展是人类社会进步的根本动力，也是实现宏观经济长期稳定发展的根本力量。习近平总书记指出："科技创新能够催生新产业、新模式、新动能，是发展新质生产力的核心要素。"中央经济工作会议提出："要以科技创新推动产业创新，特别是以颠覆性技术和前沿技术催生

作者系上海财经大学校长。

新产业、新模式、新动能,发展新质生产力。"这是对马克思主义生产力理论的创新和发展,为我们在实践中建设现代化产业体系提供了根本遵循。形成和发展新质生产力,关键在于以科技创新为核心驱动力,以劳动者、劳动资料、劳动对象及其优化组合的跃升,催生新产业、新业态、新模式,不断塑造发展新动能新优势。

坚持科技是第一生产力,抓好科技创新成果转化。科技自立自强是国家强盛之基、安全之要,也是形成和发展新质生产力的题中应有之义。党的十八大以来,以习近平同志为核心的党中央坚持把科技自立自强作为国家发展的战略支撑,不断加强基础研究和原始创新,一些关键核心技术实现突破,我国跻身创新型国家行列。但也要看到,我国在工业"四基"即关键基础材料、核心基础零部件(元器件)、先进基础工艺、产业技术基础方面同发达国家相比仍有差距。要立足当前,重视科技创新成果转化,补齐工业"四基"的技术短板,筑牢基础设施建设、移动支付、数字经济等领域的技术长板,重视以人工智能为代表的通用技术发展,为营造良好创新生态、实现关键核心技术自主可控提供可行方案。同时要着眼长远,重视应用技术的研究探索,加强应用基础研究和前沿研究的前瞻性、战略性、系统性布局,把握世界科技发展大趋势、下好布局未来产业前瞻研发"先手棋"。

坚持人才是第一资源,打造新型劳动者队伍。当今世界,综合国力竞争归根到底是人才的竞争、劳动者素质的竞争。形成和发展新质生产力,需要打造一支新型劳动者队伍,包括能够创造新质生产力的战略人才和能够熟练掌握新质生产资料的应用型人才。要根据科技发展新趋势,优化高等学校学科设置、人才培养模式,为发展新质生产力、推动高质量发展培养急需人才。健全人才评价激励制度,营造有利于新型劳动者成长发展的良好环境。加快建设知识型、技能型、创新型劳动者大军,为新产业、新业态、新模式的形成与发展提供有力支撑。

坚持创新是第一动力,激发产业转型升级的发展潜能。创新在我国现代化建设全局中居于核心地位。只有推动以科技创新为核心的全面创新,才能更好把握发展的时与势,在形成和发展新质生产力中实现"以进促稳"。要坚持以科技创新成果的产业化为导向,支持培育有助于我国重塑国际合作和竞争新优势、提升在全球产业链中地位的重点产业板块,构建一批各具特色、优势互补、结构合理的战略性新兴产业增长引擎,打造生物制造、商业航天、低空经济等若干战略性新兴产业。提前布局量子、生命科学等未来产业,为支撑经济中长期增长开辟新领域新赛道。同时,依托我国强大生产能力的优势,推动传统产业转型升级、集群式发展,以高质量供给创造有效需求。

以新质生产力推进产业智能化、绿色化、融合化

新质生产力是由技术革命性突破、生产要素创新性配置、产业深度转型升级而催生的先进生产力质态,是推动构建现代化产业体系的关键力量。新时代,我国陆续出台一系列发展规划,推动新型工业化发展,培育壮大战略性新兴产业,推动一些关键核心技术实现突破,一些领域正在由跟跑变为并跑甚至领跑,数智技术、绿色技术等先进适用技术成为我国主动适应和引领新一轮科技革命和产业变革的重要力量。面对新的形势和任务,必须坚持智能制造这一制造强国建设的主攻方向,加快推进产业智能化、绿色化、融合化,建设具有完整性、先进性、安全性的现代化产业体系,不断夯实新发展格局的产业基础,为全面建设社会主义现代化国家提供有力支撑。

推进数智技术与实体经济深度融合，抢占全球产业体系智能化制高点。这是把握人工智能等新科技革命浪潮、加快建设以实体经济为支撑的现代化产业体系的必然要求。数智技术不仅包括以数据要素为核心的数字技术，而且包括与实体经济发展相关的一系列智能技术。要以数字技术进一步推动各类生产要素有机组合，以智能技术持续提高全要素生产率和经济潜在增长率，在激发各类生产要素活力、企业降本增效、产业链资源整合集成、产业结构优化升级等方面发挥更大作用，着力破解我国在推动高质量发展过程中供求结构不匹配的问题，推动经济发展实现质量变革、效率变革、动力变革。

推进绿色技术与工业化深度融合，形成产业体系绿色化的发展模式。绿色发展是高质量发展的底色。习近平总书记强调："加快绿色科技创新和先进绿色技术推广应用，做强绿色制造业，发展绿色服务业，壮大绿色能源产业，发展绿色低碳产业和供应链，构建绿色低碳循环经济体系。"要积极稳妥推动工业绿色低碳发展，深入落实工业领域碳达峰实施方案，推进能源绿色化、资源集约化利用，完善能源消耗总量和强度调控，逐步转向碳排放总量和强度双控制度，积极培育绿色增长新动能，以更小的生产成本实现更大的经济社会发展效益。

推进产业深度融合，实现产业体系融合化的发展格局。融合化是提升产业体系整体效能的必然要求。推动三次产业之间、大中小企业之间、上中下游企业之间高度协同耦合，有利于推动实现产业发展供求高水平动态平衡、产业链向高端化跃升、产业经济循环畅通，形成良好产业生态，更好释放产业网络的综合效益。要大力推进战略性新兴产业融合集群发展，在深度融合中实现创新资源整合集聚、技术力量发展壮大，形成分工细化和协同合作的产业发展格局。积极推动现代服务业同先进制造业深度融合,以全生命周期管理、供应链管理、系统化的管理流程再造,不断强化生产性服务业在发展和壮大实体经济中的重要作用,推动我国制造业发展向价值链高端延伸。

为建设现代化产业体系提供有力保障

构建现代化产业体系,不仅要坚持走中国特色新型工业化道路、加快形成和发展新质生产力,而且要推动形成与之相适应的生产关系。加快完善新型举国体制,发挥好政府的战略导向作用,让企业真正成为创新主体,让人才、资金等各类创新要素向企业聚集,能够有效解决建设现代化产业体系过程中遇到的各种矛盾和问题,为我国统筹高质量发展和高水平安全、实现经济发展行稳致远提供有力保障。

加强关键核心技术攻关和战略性资源支撑。构建现代化产业体系,关键在于推动创新体系和产业体系更好融合。在科技创新方面,要统筹推进科技、教育、人才工作,以重大目标任务和发展规划为导向,形成政产学研用深度融合的整体性研发框架,优化包括国家科研机构、高水平研究型大学、科技领军企业等在内的国家战略科技力量的创新资源配置,实现原始创新、集成创新、开放创新的一体设计、有效贯通,更好催生科技新潜力、找准教育着力点、培养人才生力军。在产业发展方面,要加快形成"科技—产业—金融"的良性循环,鼓励发展创业投资、股权投资,推动科技创新成果转化和产业化,更好实现金融链与创新链、产业链的精准对接。

着力推动国民经济循环畅通。统筹发挥国内大循环的主体作用和国内国际双循环相互促进作用，是充分发挥各类生产要素作用的重要条件，也是促进战略性新兴产业和未来产业发展的重要支撑。要加快推进全国统一大市场建设，充分发挥超大规模市场和强大生产能力的优势，集聚资源、释放内需、推动增长、激励创新，加快培育链主企业和关键节点控制企业，在推动我国实现更高水平供求动态平衡的同时，形成自主可控的核心技术掌控能力。持续深化高水平对外开放，扩大国际经贸合作范围、促进国际产能合作、引进国际先进技术，在不断提升国际循环质量和水平的同时，构筑与高水平对外开放相匹配的监管和风险防控体系，以新安全格局保障新发展格局。

切实加强质量支撑和标准引领。加强计量、标准、认证认可等方面建设，对于形成合理创新收益、完善科技激励具有重要作用。要充分认识质量支撑和标准引领对于产业良性发展的重要作用，大力发展新兴产业和生产性服务业的团体标准，形成延伸产业链、提升价值链、完善供应链的制度功能，增加中高端产品和服务供给，提升产业体系的完整性、先进性和安全性。要围绕我国具有技术主导优势的重要产业、重点产品和服务，促进同"一带一路"共建国家和地区、主要贸易国家和地区的质量国际合作，推动质量基础设施互联互通和共建共享，从先进标准"引进来"迈向中国标准"走出去"，提升"中国制造"的产业集中度和市场美誉度，巩固提升我国在全球产业链、供应链、创新链中的地位。

《人民日报》2024年02月21日

坚决扛牢实现新型工业化这个关键任务

中共工业和信息化部党组

工业化是现代化的前提和基础，是一个国家和民族繁荣富强的必由之路。2023年12月召开的中央经济工作会议强调，要以科技创新引领现代化产业体系建设，大力推进新型工业化。全国新型工业化推进大会对推进新型工业化作出全面部署，强调要学深悟透习近平总书记关于新型工业化的重要指示、重要论述，准确把握推进新型工业化的重大意义、重要原则、重点任务，完整、准确、全面贯彻新发展理念，坚持走中国特色新型工业化道路，加快建设制造强国。工业和信息化系统要深入学习领会党中央精神，坚决扛牢实现新型工业化这个关键任务，扎实推进各项重点任务落实，为以中国式现代化全面推进强国建设、民族复兴伟业作出新的更大贡献。

一、切实把思想和行动统一到党中央决策部署上来

推进新型工业化是以习近平同志为核心的党中央统筹中华民族伟大复兴战略全局和世界百年未有之大变局作出的重大战略部署。党的十八大以来，习近平总书记举旗定向、掌舵领航，就推进新型工业化一系列重大理论和实践问题作出重要论述，提出一系列新思想新观点新论断，

极大丰富和发展了我们党对工业化的规律性认识，具有很强的政治性、思想性、指导性，为推进新型工业化指明了前进方向、提供了根本遵循。我们要认真学习领会习近平总书记的重要论述，切实把思想和行动统一到以习近平同志为核心的党中央决策部署上来。

深刻认识和准确把握新型工业化的战略定位。习近平总书记强调，工业化是一个国家经济发展的必由之路；中国梦具体到工业战线就是加快推进新型工业化；制造业是我国经济命脉所系，是立国之本、强国之基；新时代新征程，以中国式现代化全面推进强国建设、民族复兴伟业，实现新型工业化是关键任务。工业是推动经济增长、促进技术进步、保障物质产品供给、实现绿色发展、创造高质量就业、带动产业升级的关键力量，是强国建设的重要支柱，是在大国博弈中赢得主动的重要依托。世界近现代历史启示我们，一国特别是大国实现现代化，无不依赖于高度发达的现代工业。新时代新征程，我们必须坚决扛起时代使命，以时时放心不下的责任感、积极担当作为的精气神，不断把新型工业化推向前进。

深刻认识和准确把握推进新型工业化的重要原则。习近平总书记强调，人民对美好生活的向往就是我们的奋斗目标；要加强党对经济工作的领导；完整、准确、全面贯彻新发展理念；把高质量发展的要求贯穿新型工业化全过程。党的坚强领导是我国工业化发展的最大政治优势，我国工业化的伟大成就归根到底都是在党的领导下取得的。人民群众是推进新型工业化的根本依靠，满足人民群众个性化、多样化、不断升级的产品和服务需求是推进新型工业化的出发点和落脚点。制造业是贯彻新发展理念的主阵地，是高质量发展的主引擎，是维护经济安全、国家安全的坚实支撑。前进的道路注定不会是一马平川，我们将面临一系列重大风险挑战甚至惊涛骇浪。新时代新征程，我们必须坚持和加强党的全面领导，坚持以人民为中心的发展思想，完整、准确、全面贯彻新发展理念，推动高质量发展，确保新型工业化沿着正确方向前进。

深刻认识和准确把握推进新型工业化的总体目标。习近平总书记指出，到2035年基本实现新型工业化；坚持把发展经济的着力点放在实体经济上，推进新型工业化，加快建设制造强国；坚定不移把制造业和实体经济做强做优做大。只有加快推进工业实现由大到强的转变，才能为全面建成社会主义现代化强国奠定坚实的物质技术基础。党的十八大以来，我国新型工业化步伐显著加快，制造业发展取得历史性成就，"大"和"全"的独特优势更加明显，"强"起来的步伐持续加快，产业整体实力、质量效益以及创新力、竞争力、抗风险能力显著增强，工业化发展站在新的更高起点上。我国实现新型工业化、建成制造强国具有良好基础和条件。新时代新征程，我们必须锚定实现新型工业化这个总目标，保持战略定力，坚定做好自己的事，找准着力点和突破口，稳扎稳打、循序渐进、坚持不懈、久久为功。

深刻认识和准确把握推进新型工业化的重大任务。习近平总书记强调，强化企业科技创新主体地位，打造有国际竞争力的先进制造业集群；着力打造自主可控、安全可靠的产业链、供应链；既巩固传统优势产业领先地位，又创造新的竞争优势；支持专精特新企业发展，推动制造业高端化、智能化、绿色化发展；加快建设世界一流企业。当前，世界百年未有之大变局加速演进，世界进入新的动荡变革期，我国发展进入战略机遇和风险挑战并存、不确定难预料因素增多的时期。面对国内外环境的深刻复杂变化，我国只有顺应全球产业发展和变革大趋势，着力补短板、强弱项、扬优势，提升在全球产业分工中的地位和影响力，才能实现从制造大国向制造强国的跃升。新时代新征程，我们必须聚焦重大任务，强化统筹协调，狠抓贯彻落实，不断推进新型工业化取得新进展新成效。

深刻认识和准确把握推进新型工业化的方法路径。 习近平总书记强调，要坚持系统观念，加强对各领域发展的前瞻性思考、全局性谋划、战略性布局、整体性推进；要完善党委（党组）统一领导、政府负责落实、企业发挥主体作用、社会力量广泛参与的工作格局，做好各方面政策和要素保障；健全推动发展先进制造业、振兴实体经济的体制机制。推进新型工业化是一个系统工程，只有统筹谋划、综合施策，充分调动各方面力量，才能有效应对各种困难挑战，不断取得新的胜利。新时代新征程，我们必须掌握用好科学的方法路径，提升干事创业的能力本领，以创造性工作展现新作为、创造新业绩。

二、扎实推进新型工业化各项重点任务落实

当前，新一轮科技革命和产业变革蓬勃发展，大国竞争和博弈日益加剧，逆全球化思潮抬头，全球产业链供应链深度调整。我国工业总体上仍然大而不强、全而不优，发展不平衡不充分问题仍然突出，一些关键核心技术仍然受制于人，产业链供应链风险隐患增多。也要看到，我国物质技术基础雄厚，市场规模巨大，人力资源丰富，创业创新活跃，经济发展韧性强、潜力大，特别是有习近平总书记掌舵领航，有习近平新时代中国特色社会主义思想科学指引，推进新型工业化具备坚实的基础和保障。我们要准确识变、科学应变、主动求变，既紧紧抓住战略机遇，又主动化解风险挑战，不断开创推进新型工业化新局面。

新时代新征程，推进新型工业化，必须坚持以习近平新时代中国特色社会主义思想为指导，全面贯彻落实党的二十大和二十届二中全会精神，按照中央经济工作会议精神和全国新型工业化推进大会部署要求，坚持稳中求进工作总基调，完整、准确、全面贯彻新发展理念，统筹高质量发展和高水平安全，深刻把握新时代新征程推进新型工业化的基本规律，积极主动适应和引领新一轮科技革命和产业变革，把高质量发展的要求贯穿新型工业化全过程，把建设制造强国同发展数字经济、产业信息化等有机结合，推动工业经济实现质的有效提升和量的合理增长，为中国式现代化构筑强大物质技术基础。

一是全力促进工业经济平稳增长。工业经济平稳增长是推进新型工业化的重要基础。落实落细系列稳增长政策举措，保持制造业比重基本稳定，发挥工业稳定宏观经济大盘的"压舱石"作用。发挥重点行业、重点地区带动作用，实施钢铁、石化、汽车等10大行业稳增长工作方案，支持工业大省"勇挑大梁"，支持各地发挥各自优势、实现增长目标，支持京津冀、长三角、粤港澳大湾区等加快发展，形成更多产业增长极。多措并举扩大需求，加快实施制造业"十四五"规划重大工程，支持企业加大设备更新和技术改造，深化产融合作，持续开展"提品质、增品种、创品牌"行动，推进新能源汽车、绿色建材、智能家电等优质产品下乡，着力稳住大宗消费，培育壮大新型消费。加强工业经济运行监测和预测预警，及时发现苗头性、趋势性问题，做好预研预判和政策储备。

二是着力提升产业链供应链韧性和安全水平。自主可控、安全可靠的产业体系是新型工业化的前提条件和战略支撑。统筹推进补短板、锻长板、强基础，实施制造业重点产业链高质量发展行动，不断增强产业链韧性和竞争力，把发展主导权牢牢掌握在自己手中。着力补短板，在关系安全发展的领域，实施"一链一策"，强化产业链上下游协同攻关，化点成珠、串珠成链，确保产业链供应链稳定畅通。着力锻长板，聚焦稀土、光伏、新能源汽车、5G等优势产业链，锻造一批"撒手锏"技术，提升产业质量。着力强基础，深入实施产业基础再造工程和重大技术装备攻关工程，加快提升产业基础能力，突破一批战略性标志性装备。用好首台（套）首批次等政策，加快创新产品推广应用和迭代升级。

三是全面提升产业科技创新能力。创新是新型工业化的根本动力。坚持把产业发展基点放在创新上，深入实施创新驱动发展战略，以科技创新推动产业创新，催生新产业、新模式、新动能，发展新质生产力。系统布局重点领域关键核心技术攻关，加快重大项目实施，发挥新型举国体制优势，一体化推进技术攻关、迭代应用、生态培育，推进重大战略性技术和产品攻关突破。强化企业科技创新主体地位，落实企业研发费用加计扣除等税收优惠政策，激励企业加大创新投入，在企业布局建设更多国家级创新平台，着力构建企业为主体、产学研用高效协同深度融合的创新体系。建设高水平产业科技创新平台体系，优化制造业创新中心建设和布局，建设一批试验验证平台和中试平台，加快打造世界领先的科技园区和产业科技创新高地。加强产业科技创新服务支撑，实施新产业标准化领航工程，深化国际标准化交流合作，加强重点产业专利布局和运用，加快科技服务业高质量发展。

四是持续推动产业结构优化升级。产业结构优化升级是新型工业化的内在要求。坚持新老并举，推动制造业加快迈向价值链中高端。改造提升传统产业，完善推动传统制造业改造提升的政策措施，广泛应用数智技术、绿色技术，加快传统产业转型升级，加强质量品牌建设，让传统产业"老树发新芽"。巩固提升优势产业，加强新技术新产品创新迭代，完善产业生态，增强高铁、电力装备、通信设备等领域全产业链优势，打造更多"中国制造"名片。培育壮大新兴产业，用好国内大市场和丰富应用场景，系统推进技术创新、规模化发展和产业生态建设，推动新一代信息技术、智能网联汽车、航空航天、生物制造、安全应急装备等新兴产业健康有序发展，加快北斗产业发展和规模应用。前瞻布局未来产业，加强政策引导，开辟人工智能、人形机器人、量子等未来产业新赛道，构筑未来发展新优势。推动先进制造业与现代服务业深度融合，加快发展工业设计等生产性服务业，培育服务型制造等新业态新模式。发挥高新区等产业园区作用，实施先进制造业集群发展专项行动，推动制造业在国内有序转移，推动形成优势互补、高质量发展的区域经济布局。

五是大力推动数字技术与实体经济深度融合。数字技术和实体经济深度融合是新型工业化的鲜明特征。把握数字化、网络化、智能化方向，充分利用新一代信息技术对传统产业进行全方位、全链条的改造，提高全要素生产率，充分发挥数字技术对工业发展的放大、叠加、倍增作用。加快制造业数字化转型，制定实施制造业数字化转型行动方案，分类探索路径，强化标杆引领，大力推进新一代信息技术与制造业深度融合，开展中小企业数字化赋能专项行动和中小企业数字化转型城市试点。推动人工智能创新应用，制定推动通用人工智能赋能新型工业化政策，实施人工智能创新工程，加快通用大模型在工业领域部署。深入实施智能制造工程，推动研发设计、生产制造、中试检测、营销服务、运营管理等制造业全流程智能化，大力发展智能产品和装备、智能工厂、智慧供应链。大力推进数字产业化，提升集成电路、关键软件等发展水平，加快云计算、大数据、虚拟现实等融合创新。加强5G、数据中心、算力等基础设施建设，加快工业互联网规模化应用，深化工业数据应用，激活数据要素潜能，为数字化转型提供"数据动力"。

六是深入推动工业绿色低碳发展。绿色低碳是新型工业化的生态底色。深入践行绿水青山就是金山银山的理念，加快工业发展方式绿色转型。深入实施工业领域碳达峰行动，推进钢铁、有色、建材、石化、化工等重点行业绿色化改造，完善工业节能管理制度，加快节能降碳技术和产品研发与推广应用，严格执行产能置换政策，坚决遏制"两高"项目盲目发展。深入实施绿色制造工程，加大绿色产品供给，打造一批绿色工厂、绿色工业园区、绿色供应链，完善绿色制造标准和服务体系。加快绿色低碳产业发展，提升能源电子和绿色能源装备发展水平，推动内河、近海船舶电气化改造，扩大新能源汽车、绿色家电、高效节能环保装备等绿色消费。提高工业资源综合利用效率和清洁生产水平，全面推行循环型生产方式，加快构建废弃物循环利用体系，推动再生资源综合利用产业规范发展。

七是加快建设世界一流企业。企业是推进新型工业化的主体力量。工业发展根本上要靠企业，企业强工业才能强。坚持"两个毫不动摇"，培育更多具有国际竞争力的世界一流企业，壮大专精特新企业群体，让各类企业在新型工业化进程中创新活力充分涌流、创业激情竞相迸发。做强做优做大国有企业，深化国有企业改革，增强核心功能，提高核心竞争力。着力培育一批制造业头部企业，支持企业间战略合作和强强联合，支持龙头企业优化整合产业链创新链价值链，培育一批具有生态主导力和产业链控制力的一流企业。促进中小企业专精特新发展，坚持管理和服务并重、发展和帮扶并举，完善中小企业工作体系、政策法规体系、服务体系和运行监测体系，培育更多专精特新中小企业、"小巨人"

企业和制造业单项冠军企业。健全防范化解拖欠中小企业账款长效机制。促进大中小企业融通发展，深入开展大中小企业融通创新"携手行动"，引导大企业向中小企业开放场景和创新要素，促进大中小企业深度融通、全面协作。

三、汇聚加快推进新型工业化的强大合力

推进新型工业化是关系全局的重大战略，也是一项复杂的系统工程，既是攻坚战，也是持久战。要提高政治站位，主动担当作为，切实当好贯彻落实党中央决策部署的执行者、行动派、实干家，汇聚加快推进新型工业化的强大合力。

加强统筹谋划和沟通协调。坚决贯彻落实党中央、国务院关于推进新型工业化的重大决策部署，深刻领悟"两个确立"的决定性意义，坚决做到"两个维护"，不断提高政治判断力、政治领悟力、政治执行力，牢记"国之大者"，把党的全面领导贯穿推进新型工业化的全过程各方面。在国家制造强国建设领导小组领导下，充分发挥办公室统筹协调和督导落实作用，建立横向协同、纵向贯通、高效联动的工作机制，推动重要目标、重点任务、重大工程和项目、重要政策有效落实。建立健全与企业常态化沟通交流机制。全面落实"十四五"系列规划，启动"十五五"规划研究。充分发挥国家制造强国建设战略咨询委员会、国家高端智库、行业协会、专家学者等各方面作用，强化决策支撑和咨询服务。

提升行业治理现代化水平。着力构建系统完备、科学规范、运行有效的工业和信息化制度体系，推进行业治理体系和治理能力现代化，为

推进新型工业化提供有力支撑和保障。完善新发展阶段的产业政策，把维护产业安全作为重中之重，加强战略性领域顶层设计，优化产业政策实施方式，强化与财税、金融、贸易、投资等政策协同，引导更多资金、人才、技术等要素向制造业流动，健全产业政策全生命周期管理。着力强化金融精准有效服务，发挥国家产融合作平台作用。建设高素质人才队伍，大力培养大国工匠、卓越工程师和更多高技能人才。完善工业和信息化法治体系，加强法治政府建设，扎实推进依法行政，提高党员干部运用法治思维和法治方式推动工作、化解矛盾、应对风险的能力。对新技术新业态新模式加强包容审慎监管，鼓励创新探索，让企业敢闯敢试。加强标准体系建设，提升我国标准的国际化水平。

更大力度把改革开放推向深入。坚定不移深化改革、扩大开放，吃改革饭、走开放路、举创新旗，充分激发推进新型工业化的动力活力。坚持社会主义市场经济改革方向，落实重大改革举措，推动构建全国统一大市场，深化要素市场化改革，推动有效市场和有为政府更好结合。扩大高水平对外开放，用好国内国际两个市场两种资源，推动国内国际双循环相互促进，培育我国参与国际合作和竞争新优势。更高质量"引进来"，落实全面取消制造业领域外资准入限制措施，放宽电信市场准入，建设市场化、法治化、国际化一流营商环境，强化重点外资项目服务。更高水平"走出去"，鼓励企业多元化布局、国际化发展，深化与共建"一带一路"国家产业优势互补合作，推进新工业革命伙伴关系网络建设，推动构建安全稳定、畅通高效、开放包容、互利共赢的全球产业链供应链体系。

凝聚推进新型工业化的磅礴精神力量。伟大事业孕育伟大精神，伟大精神引领伟大事业。新中国成立以来，在推进工业化进程中孕育形成了"两弹一星"精神、载人航天精神、工匠精神等精神和"哈军工"优良传统，这些都是我国工业化发展的宝贵精神财富。面对严峻复杂的形势，面对繁重艰巨的任务，要大力弘扬党和人民在各个历史时期团结奋斗形成的伟大精神，引导广大党员干部提振干事创业的精气神，传承优良传统，增强历史主动，发扬斗争精神，提升斗争本领，踔厉奋发、勇毅前行，为全面建成社会主义现代化强国作出新的更大贡献。

《求是》2024年第1期

二 着力扩大国内需求

人民日报·评论员观察 / 何娟

论新发展格局下的扩大内需战略 / 黄群慧　杨耀武

培育经济发展新动能 / 徐强

"要激发有潜能的消费,扩大有效益的投资,形成消费和投资相互促进的良性循环。推动消费从疫后恢复转向持续扩大,培育壮大新型消费,大力发展数字消费、绿色消费、健康消费,积极培育智能家居、文娱旅游、体育赛事、国货"潮品"等新的消费增长点。稳定和扩大传统消费,提振新能源汽车、电子产品等大宗消费。增加城乡居民收入,扩大中等收入群体规模,优化消费环境。要以提高技术、能耗、排放等标准为牵引,推动大规模设备更新和消费品以旧换新。发挥好政府投资的带动放大效应,重点支持关键核心技术攻关、新型基础设施、节能减排降碳,培育发展新动能。完善投融资机制,实施政府和社会资本合作新机制,支持社会资本参与新型基础设施等领域建设。"

人民日报·评论员观察

着力扩大国内需求
——扎实做好2024年经济工作

何 娟

加快培育完整内需体系，是畅通国民经济循环、增强国内大循环主体地位的重要基础

强化政策统筹，确保宏观政策同向发力、形成合力，加快建设全国统一大市场，形成更高水平的供需动态平衡

又是一年冰雪季。在冰雪资源大省吉林，长春冰雪新天地在第二十七届长春冰雪节开幕日当天入园人数超3万人次；抚松县长白山万达国际度假区日均接待量超4000人次；梅河口市五奎山雪世界历经一年升级改造，元旦前夕开园迎客……冰雪消费升温、冰雪产业火热，正是我国内需潜力持续释放的充分印证。

习近平总书记深刻指出："内需是中国经济发展的基本动力，也是满足人民日益增长的美好生活需要的必然要求。"不久前举行的中央经济工作会议部署做好2024年经济工作的九项重点任务，其中一项重要内容就是"着力扩大国内需求"。加快培育完整内需体系，是畅通国民经济循环、增强国内大循环主体地位的重要基础，成为我们推动实现经济高质

量发展的有力支撑。

扩大内需是促进经济发展行之有效的重要战略。内需为主导、内部可循环，也是大国经济的重要特征。从开展消费促进月、金秋购物节等活动，到扎实推进绿色智能家电下乡，从培育国际消费中心城市到有序推进"十四五"规划102项重大工程，2023年以来，我国坚定实施扩大内需战略，把恢复和扩大消费摆在优先位置，制定出台促进民间投资的政策措施，一系列促消费、稳投资举措显效发力。充分发挥消费的基础作用和投资的关键作用，加快释放内需潜力，推动了经济总体回升向好，增强了国内大循环的内生动力和可靠性。中国经济在风浪中强健了体魄、壮实了筋骨。

扩大内需不是稳增长的一时之策，而是充分发挥超大规模市场优势的主动选择。一段时间以来，世界经济复苏乏力，全球贸易增长下滑，不少国家面临外需低迷、内需不振的难题。这一背景下，2023年前三季度，内需对我国经济增长的贡献率提升到113%，有效对冲了外需收缩的压力。我国中等收入群体持续扩大，居民衣食住行和精神文化需求潜力大；新型城镇化发展空间较大，开辟产业新领域新赛道前景好，扩大内需有着有利条件。顺应消费升级趋势，在增强消费能力、改善消费条件、创新消费场景上做文章，不仅能让更多人能消费、敢消费、愿消费，还能进一步强化有效投资的民生"补短板"、产业"促升级"作用，不断夯实内需增长的动力基础。

今天的投资，就是明天的供给，换来的是明天的消费。着力扩大国内需求，要形成消费和投资相互促进的良性循环，统筹好扩大内需和优化供给。比如，继宣布延续和优化新能源汽车车辆购置税减免政策后，相关部门为引导技术进步和节能消费，又调整了减免车辆购置税新能源汽车产品技术要求。这既有利于稳定和扩大新能源汽车消费，也将催生相关领域新技术、新模式的投资需求。引导资金更多投向供需共同受益的领域，必须强化政策统筹，确保宏观政策同向发力、形成合力，加快建设全国统一大市场，形成更高水平的供需动态平衡。

内需市场一头连着经济发展，一头连着社会民生，是经济发展的主要依托。要看到，我国正处于新型工业化、信息化、城镇化、农业现代化快速发展阶段，拥有超大规模市场，具有高储蓄率的特征，内需市场空间广阔、潜力巨大。用好有利条件、挖掘内需富矿，让国内市场强起来、国内循环畅起来，我们就能够巩固和增强经济回升向好态势，推动经济大船沿着高质量发展航道稳健前行。

《人民日报》2024年01月03日

论新发展格局下的扩大内需战略

黄群慧　杨耀武

习近平总书记指出，构建新发展格局，要坚持扩大内需这个战略基点，使生产、分配、流通、消费更多依托国内市场，形成国民经济良性循环。扩大内需是构建新发展格局的战略基点，实施扩大内需战略是构建新发展格局的必然选择，是促进我国长远发展和长治久安的战略决策。实施扩大内需战略，有利于更好地满足人民的美好生活需要，有利于充分发挥超大规模市场优势、有效促进经济良性循环，有利于以自身的稳定发展有效应对外部风险挑战。

一、我国宏观需求结构演变的历程与逻辑

（一）1978—2019年的宏观需求结构演变

为了揭示我国宏观需求结构演变的历程，运用支出法GDP核算恒等式，即GDP=消费+投资+净出口，并且选取国家统计局公布的1978—2019年GDP支出法中的各项数据，计算了三大需求在GDP中的占比以及

黄群慧系中国社会科学院经济研究所所长、研究员。
杨耀武系中国社会科学院经济研究所副研究员。

对经济增长的贡献情况。可以得出,改革开放以来,我国宏观需求结构的演变历程大致可以分为三个阶段,不同阶段的经济增长拉动力量存在明显差异。

1. 第一阶段(1978—2000年):消费占比较高型

这一阶段,我国最终消费率平均为62.8%,虽低于全球75.6%以及中低收入国家74.4%的水平,却是改革开放之后最高的时期。在这期间,我国最终消费率虽有所波动,但总体处于相对高位。同时,最终消费支出对GDP增长的贡献率大多数年份超过资本形成总额和净出口的贡献率之和。这一阶段,根据最终消费占比变化,可以分为三个时间跨度较短的时期。

(1)1978—1983年,这一时期消费率明显上升,1983年较1978年提高了5.4个百分点。我国的改革发端于农村。农村经济改革初期是收入增长和收入差距缩小同时发生的"美好时期",是一个兼顾公平和效率的时代。随着农民收入水平的提高,城乡居民收入比由1978年的2.57下降到1983年的1.82,衡量全国居民收入分配差距的基尼系数由1979年的0.330下降到1983年的0.264。收入水平提高和分配差距缩小,推动了最终消费占比的提升,其中农村居民消费在GDP中的占比提高了3.2个百分点,解释了总体消费率提升的60%。

(2)1984—1993年,这一时期消费率出现明显下滑,1993年较1983年下降了8.8个百分点。随着改革向城镇推进,乡镇企业快速发展、非农产业向城镇聚集,投资需求加大。非农产业的发展为农村劳动力从农业转向工业提供了机会,但工业化发展存在地区间的不平衡,东部沿海地区的乡镇企业发展大幅优于中西部。这造成了工资性收入和家庭非农经营收入分配的极不平等。这一时期,消费占比的下滑主要由投资占比的提高来填补，1993年的资本形成率为43.4%，比1983年上升了11.5个百分点；进出口基本保持在相对平衡的状态。

（3）1994—2000年，这一时期最终消费率有所回升，净出口率开始增加。2000年最终消费率较1993年上升了5.4个百分点，净出口率同期提高了4.3个百分点。与消费和净出口占比上升相对应的是投资率的下降，而投资率的下降主要是由存货增加下降引起，存货增加下降可以解释整体投资率下降的近55%。这是由于改革开放后，一些行业或产品供不应求，满足不了社会需要的情况下，一些行业或产品又供过于求，积压严重，结构性供需不平衡引起了存货量的走高。随着市场化取向改革的推进，生产者面向市场的意识得到强化，企业加快资金周转的动力与银行降低不良贷款的压力，也迫使企业严格控制存货增加。同时，国有企业改革和对部分过剩产能的压缩，也降低了一些企业的投资需求。在市场化改革的推动下，1994年1月人民币汇率实现了汇率并轨，通过压低汇率增强比较优势提升出口竞争力，我国从此开创了持续出口盈余的历史。当然，出口退税政策对促进出口也发挥了积极的作用。这一时期，民营企业和个体企业快速发展带来的农村居民向城市转移和居民收入水平提高，以及政府可支配财力占比的增强，对最终消费率的提升发挥了积极作用。

2. 第二阶段（2001—2010年）：投资与净出口拉动型

这一阶段，最终消费率出现了持续下降，2010年最终消费率仅为49.3%，比2000年下降了14.6个百分点，不足50%的最终消费率也创下了1978年以来的最低水平。与最终消费率大幅下降相对应的是净出口率和投资率的攀升。同期，投资与净出口对经济增长的拉动作用超过了最终消费支出。受国际金融危机影响，这一阶段可以划分为前后两个时期。

（1）2001—2007年，这一时期随着消费率的下降，投资率和净出口率出现双攀升。投资率由2000年的33.7%，上升到2007年的40.4%；同期净出口率也由2.4%上升到8.7%。在加入世界贸易组织（WTO）后，我国的出口得到了更加快速的增长，这相应产生了巨大的投资需求。在大量农村剩余劳动力从农业部门向城镇工业部门转移的过程中，我国的人口红利得以有效实现。从我国常住人口城镇化率来看，2007年比2000年提高了9.7个百分点，年均增长1.4个百分点。这一时期，劳动力无限供给的特征打破了资本边际报酬递减，从而实现了较大的投资回报率。较大的投资回报率有利于资本形成的快速增长。劳动力无限供给的状况使劳动力报酬增长缓慢，在国民收入初次分配中，劳动者报酬占比出现了持续下降。按照相关测算结果，劳动收入份额在1995—2006年从59.1%逐年下降到47.3%，相应地，资本收入份额则上升了11.8个百分点。廉价的劳动力优势，有利于出口和资本积累的快速增长，但同时也带来消费占比的快速下降。

（2）2008—2010年，这一时期消费率继续走低，受国际金融危机影响，净出口率快速下降，投资成为拉动经济增长的主要力量。在国际金融危机冲击之下，净出口率由2007年的8.7%下降到2010年的3.7%，下降了5个百分点。受危机影响所带来的经济增速下滑和预期不稳造成的消费增速放缓，2010年最终消费率仅为49.3%，比2007年下降了1.6个百分点，这是1978年以来的最低水平。为稳定经济，政府出台了较大规模的经济刺激措施，2010年的投资率为47.0%，比2007年上升了6.6个百分点，超过了净出口率的下降。从对经济增长的贡献来看，2008年、2009年和2010年，投资分别拉动经济增长4.2个百分点、5.4个百分点和5.0个百分点,贡献率高达53.3%、85.3%和63.4%,成为拉动经济增长的主要力量。

3. 第三阶段(2011—2019年):消费与投资双轮驱动型

这一时期,最终消费率重拾回升之势,从2010年的49.3%上升到2019年的55.8%。投资率在波动中缓慢下降,2010年投资率为47.0%,随后逐步下降到2016年的42.7%;在供给侧结构性改革的推动下,2017—2018年投资率有所回升,但在经济下行压力加大的情况下,2019年投资率又下降至43.1%。同期,净出口率也在波动中缓慢下降,2017—2019年保持在2%以下。从三大需求对经济增长的拉动来看,货物和服务净出口拉动经济增长的百分点在正负1以内波动,多数年份为负。最终消费支出对经济增长的贡献率始终保持在50%以上,平均贡献率为60.5%;投资支出对经济增长的年平均贡献率为39.9%,消费和投资成为驱动经济增长的双轮。

这一阶段,随着人口结构与产业结构的变迁,我国劳动收入份额出现由降转升的局面,从而带动住户部门收入份额增加和消费率上升。我国劳动收入份额和最终消费支出占比,在2010年左右到达谷底后,总体均呈现出了持续上升的势头。2019年劳动收入份额为52.0%,较2010年提高4.5个百分点。这一阶段我国产业结构优化进程加快,新兴消费领域的热潮正在加速,促使消费和投资在国民经济增长中扮演着更为重要的角色。同时,由于国际贸易保护主义抬头和单边主义盛行,中美贸易摩擦持续,导致我国出口增长放缓,贸易顺差增速下降,净出口对GDP增长的贡献率大部分年份为负。

(二)新冠疫情冲击对我国三大需求的影响

新冠疫情暴发后,我国采取了强有力的疫情防控措施,在较短时间内就遏制了疫情快速蔓延的势头，同时有序推动生产特别是工业生产较快恢复。在全球产业链供应链恢复受阻，部分发达经济体推出空前财政货币救助措施的情况下，我国工业生产的较快恢复有效填补了全球供需缺口。2020—2022年，我国以人民币和美元计价的货物净出口年均增长分别达到11.6%、12.8%，较疫情前的2017—2019年平均水平分别高出4.0个百分点、6.8个百分点。在疫情对居民海外旅行、购物形成制约，货物贸易快速增长和运费上涨带动运输服务出口保持高位的情况下，我国服务贸易逆差大幅收窄。2020—2022年，我国以人民币和美元计价的服务贸易逆差年均分别下降29.6%、29.3%，而在疫情前的2017—2019年我国以人民币和美元计价的服务贸易逆差年均增长5.1%、3.9%。随着货物贸易顺差扩大而服务贸易逆差收窄，2020—2022年，我国货物和服务净出口年均拉动GDP增长1.0个百分点，明显高于2017—2019年年均0.2%的水平。

在疫情的持续扰动下，我国消费复苏受到较大影响。2020—2022年，我国居民人均消费支出年均实际增长仅为2.6%，低于GDP年均增长4.5%的水平，比2017—2019年消费支出年均实际增速下降3.1个百分点。为稳定经济大盘，我国加大了投资稳增长力度。2020—2022年，我国基础设施固定资产投资（不含农户）年均增长3.5%，制造业固定资产投资（不含农户）年均增长6.6%，均保持较快增长。

从三大需要对GDP增长的拉动作用来看，疫情冲击之下，2020年最终消费支出、资本形成总额、货物和服务净出口分别拉动GDP增长了-0.2个百分点、1.8个百分点和0.6个百分点，对GDP增长的贡献率分别为-6.8%、81.5%和25.3%，最终消费支出减少成为拖累2020年GDP增长的主要因素。2021年，随着境内疫情形势较上年缓和，居民消费支出增长较快，最终消费支出、资本形成总额、货物和服务净出口分别拉动GDP增长了4.9个百分点、1.7个百分点和1.9个百分点，对GDP增长的贡献率分别为58.3%、19.8%和21.9%，最终消费支出增加对GDP增长的贡献率向疫情前靠拢。2022年，为对抗高企的通胀，多国中央银行以50年未见的同步性加息，全球经济增速趋缓，同时海外在疫情管制政策放松后，产业链供应链逐步恢复。在这种情况下，2022年我国货物出口增速有所放缓，四季度货物出口同比出现负增长。2022年，最终消费支出、资本形成总额、货物和服务净出口，分别拉动GDP增长了1.0个百分点、1.5个百分点和0.5个百分点，对GDP增长的贡献率分别为32.8%、50.1%和17.1%，货物和服务净出口对经济增长的贡献率较前两年已有所下降。（见表1）

总的来看，疫情暴发后我国内需对经济增长的贡献率较疫情前下降，而外需对经济增长的贡献率明显增强；但随着外需逐步由强转弱，2022年外需对经济增长的拉动率较前两年已有所下降。应该注意到疫情暴发前较长时间，我国货物和服务净出口占GDP之比下降及对经济增长贡献率处于低位，是由自身发展阶段、环境和条件决定的，疫情冲击并没有使上述因素发生根本转变。随着疫情对全球经济影响的逐步减弱，我国外需对经济增长的贡献率由升转降应该是较为确定的趋势。因此，我国要更好统筹国内循环和国际循环，围绕构建新发展格局，增强国内大循环内生动力和可靠性，提升国际循环质量和水平。

二、新发展格局下我国宏观需求结构演变趋势

从我国经济发展进程来看，从20世纪90年代中期开始，特别是加入

WTO以后，我国充分发挥劳动力丰裕的比较优势，深度参与国际产业分工，以进出口总量与GDP之比表示的贸易依存度2006年一度达64.0%，净出口总额与GDP之比2007年达到8.7%，创下各自的峰值水平。我国实际上已经高度依赖外部市场，因此当面临外部需求冲击时，我国的经济增长会出现较大幅度的波动。从20世纪90年代至新冠疫情暴发前，我国遭受的重大外部需求冲击主要有两次。一次是"亚洲金融危机"，1997—1999年我国外贸出口平均增速为9.2%，较1994—1996年的平均增速下降了9.6个百分点；同期，我国GDP平均增速也较前三年下降了3.1个百分点。另一次则是"国际金融危机"，2008—2010年我国外贸出口平均增速10.9%，较2005—2007年的平均值降低了16.3个百分点，我国GDP平均增速同期也较前三年下降了2.9个百分点。从国际经验看，随着人口结构变动、产业结构变迁和国际形势变化，一国往往很难长期维持净出口的优势地位。未来，我国宏观需求结构将逐步转向内需主导型，但仍可以充分发挥自身优势积极参与国际合作获取相应利益。

（一）最终消费需求占比将显著提升

在净出口占比较高阶段，我国出现消费支出占比下滑以及居民部门在初次收入分配中占比的减少。由于在初次分配中，居民部门收入中的劳动者报酬占比接近八成，因此劳动者报酬占比变化会主导居民部门在国民收入初次分配中的状况。对于20世纪90年代中期以后，我国GDP中劳动收入份额的下降，学者们曾给予了高度关注。劳动收入份额及居民收入占比降低会造成最终消费支出占比的下降。GDP中劳动收入占比、住户部门收入份额与GDP中最终消费支出占比的走势存在较为明显的一致性。

表1 2020—2022年中国三大需要对经济增长的拉动百分点和贡献率

年份	最终消费支出		资本形成总额		货物和服务净出口	
	拉动百分点	贡献率（%）	拉动百分点	贡献率（%）	拉动百分点	贡献率（%）
2020	-0.2	-6.8	1.8	81.5	0.6	25.3
2021	4.9	58.3	1.7	19.8	1.9	21.9
2022	1.0	32.8	1.5	50.1	0.5	17.1

资料来源：国家统计局

造成我国劳动收入份额占比在20世纪90年代中期以后较长时间内出现下降，主要是劳动人口从农业部门向城市部门的转移以及产业结构变迁引起的。在农村存在大量剩余劳动力的时候，城市工业部门只需要以稍高于农业部门的收入就可以吸引到足够的劳动力，此时城市部门劳动生产率大幅高于农业部门，造成劳动收入份额的持续下降。随着农村剩余劳动力的持续转移，其数量逐步减少；2010年后，我国越过人口的第一个转折点，到2019年劳动年龄人口已减少近3000万。同时，在各产业劳动收入份额占比的比较中，农业部门的劳动收入份额高于服务业部门，而服务业部门又高于工业部门，未来我国服务业的占比还会有一个逐步提高的过程。因此，随着人口结构与产业结构的变迁，我国的劳动收入份额会出现由降转升的局面，从而带动住户部门收入份额增加和消费比重上升。我国劳动收入份额和最终消费支出占比，在2010年左右到达谷底后，总体均呈现出持续上升的势头，未来这种上升的态势应该还会延续。这是未来我国经济宏观需求结构变动的主导性力量，也是我国形成超大规模市场优势，加快形成以国内大循环为主体的重要基础。

在劳动收入份额提升的过程中，由于劳动收入相对经营性收入和财产性收入的集中度会低一些。因此，随着劳动收入在国民收入中占比的提升，居民初次收入分配差距过大的状况会得到一定程度的矫正，但调整幅度可能有限。从国家统计局公布的全国居民收入分配基尼系数来看，2008年基尼系数在到达0.491的高位后，曾出现了连续7年的下降，2016年后又转而出现3年的上升；2022年，全国居民收入分配基尼系数为0.466，仍处在较高水平，居民收入分配差距较大会对消费增长形成一定制约。为有效解决这一问题，党的二十大报告强调完善分配制度，坚持按劳分配为主体、多种分配方式并存，构建初次分配、再分配、第三次分配协调配套的制度体系。中共中央、国务院印发的《扩大内需战略规范纲要（2022—2035年）》指出要推动共同富裕，厚植内需发展潜力。随着劳动收入份额提高和居民收入分配差距逐步降低，最终消费支出占我国GDP之比将显著提升。

（二）投资占比将缓慢下降

影响我国投资占比的因素主要有以下两方面。从有利于投资的方面看，2022年我国常住人口城镇化率为65.2%。按照发达国家80%以上的城市化率来计算，"十四五"期间乃至2035年，我国城镇化水平还会保持一定程度的增长。在推动形成优势互补高质量发展的区域经济布局情况下，未来一些中心城市和城市群等发展优势区域的经济和人口承载能力会得到加强，这形成了对城市基础设施及人口集中地区房屋的投资需求，我国在全面建设社会主义现代化国家新征程中需要逐步实施这些建设投资，这也是完成建设周期的一个过程。同时，随着5G、物联网、互联网、人工智能、大数据、区块链等新技术的发展和运用，我国必须加强相关领域的投资以引领未来的经济发展，这是提升供给侧能力和水平的重要方面，也会形成相应的巨大投资需求。

当然，还有些因素会制约我国投资的增长。随着劳动要素在国民收入初次分配中占比的提高，相应的资本收入份额就会减少，这将从总体上降低对投资的激励。从在固定资产投资中占比超三成的制造业投资来看，在人口越过第一个转折点后，我国制造业固定资产投资增速，由2011年的31.8%下降到2019年的3.1%，年均下降高达3.6个百分点；疫情暴发后，在海外对我国制成品需求增加和政策支持下，2020—2022年固定资产投资年均增速有所提高，达到6.6%。但随着未来货物出口增速逐步下降，制造业增速将逐步回落至疫情前水平。同时，2022年我国已迎来以总人口负增长为标志的第二个人口转折点，这给我国经济带来的冲击可能主要在需求侧。相对于第二次人口转折对消费需求的冲击来说，投资需求有可能受到更大程度的影响。综合来看，未来我国资本形成总额占GDP的比重将缓慢下降。在人口等因素难以根本扭转的情况下，如何通过创新和提高金融资源配置效率将成为延缓投资增速下降、提高经济发展质量的重要手段。

（三）净出口占比将趋于下降，但仍可积极参与国际循环获取合作利益

在参与国际循环方面，世界各国因自身优势和发展阶段差异，所采取的方式存在较大不同。从净出口总额与GDP之比来看，发达国家或成功实现追赶的新兴工业化国家，大致都经历了净出口占比较高而后逐步下降的过程。美国在"二战"后的1947年，净出口占GDP之比达到4.4%的历史高点，1950年即下降到零值附近，并在布雷顿森林体系瓦解后，长时间保持逆差状态。东亚的日本净出口占GDP之比，在1986年达到3.8%的历史高点，随后出现长时间下降，2011—2015年贸易出现逆差，

年均为 -1.5%；2016—2019 年转正，年均 0.6%，贸易收支逐步走向平衡。韩国作为成功跨入高收入国家行列的东亚国家，曾经是日本产业转移的承接国和积极实施出口导向战略的国家，1984 年韩国对外贸易开始转为顺差，除个别年份外，其对外贸易持续保持顺差，1984—2019 年贸易顺差占比年均为 2.6%，1998 年外贸顺差占比曾一度高达 11.3%，随后出现下降，1999—2019 年基本维持在 3.5% 左右。德国则在 2002 年欧元正式流通后，净出口占 GDP 之比出现快速增长并维持高位，2015 年达到 7.2%，随后几年有所放缓。我国净出口与 GDP 之比，2007 年曾高达 8.7%，随后出现下降，2019 年为 1.2%。

从较长时间跨度的多国商品和服务净出口数据中可以看出，一国随着自身人口结构变动、产业结构变迁和国际形势变化往往很难长期维持净出口优势地位，但仍可充分发挥自身优势积极参与国际循环，获取合作利益。从国际经济活动的价值形态来看，除国际贸易外，国际经济活动还包括对外直接投资（FDI）、对外金融投资以及获取或支付相应的境外投资收益，它们都是国际循环的重要组成部分。

作为后发的发展中大国，我国从改革开放之初至今保持了直接投资的净流入国地位，但近年来的流入数量有所下降，1982—2014 年净流入年均为 2.5%，2015—2019 年净流入年均仅为 0.3%。同时，1994 年至今，我国保持了对外贸易的顺差，2007 年外贸顺差曾高达 8.6%，随后逐步放缓，1994—2008 年顺差年均为 4.3%，2009—2019 年降为年均 2.5%。在"双顺差"的情况下，我国的海外要素收入和投资收益基本保持净流出状态，1982—2019 年流出比例年均为 0.45%。在我国劳动力成本优势逐步下降，国内产业升级和创新驱动成为经济持续发展核心因素的情况下，我国需要加强与地区国家间的产业间和产业内合作。通过加强对外投资的方式，转移部分劳动密集型产业或一些环节，这既可以为产业升级腾挪一定空间，也可以通过海外要素收益回流促进国内研发和技术创新，保持对外竞争优势。《区域全面经济伙伴关系协定》（RCEP）的签署是一个好的契机，部分东盟国家劳动力丰富，我国与东盟国家产业间和产业内合作的前景广阔，同时我国与日韩间的技术合作也存在较大的空间。

在与部分发达国家或成功实现赶超国家的对比中可以发现，德国相对于其他国家的净出口占比要相对高一些，这主要得益于两个因素：一是德国具有发达的制造业；二是德国有欧盟和加入欧元这个货币联盟的有利外部环境支撑。相应地，我国制造业具有比较好的基础，能否实现制造业的升级，在成本优势逐步降低的情况下，寻找到新的竞争优势是关键。新冠疫情冲击实际上加快了我国从出口导向工业化的"国际大循环"战略向着基于工业化和城市化的新"双循环"阶段转换。在成功签署《区域全面经济伙伴关系协定》（RCEP）后，我国在外贸领域可能会迎来一些新机遇。因此，未来我国净出口占GDP之比应该会维持在2%—3%的水平。

三、我国实施扩大内需战略的几个关键问题

（一）统筹好实施扩大内需与深化供给侧结构性改革

2023年1月31日，习近平总书记在主持中央政治局就加快构建新发展格局进行集体学习时强调：要搞好统筹扩大内需和深化供给侧结构性改革，形成需求牵引供给、供给创造需求的更高水平动态平衡，实现国民经济良性循环。习近平总书记的重要讲话对加快构建新发展格局提出了基本遵循和关键要求，也对推进经济工作指明了重要着力方向。当前

我国经济运行面临的突出矛盾是总需求不足，必须大力实施扩大内需战略，充分发挥消费的基础作用和投资的关键作用，全面促进消费，拓展有效投资空间，以需求牵引供给，稳定经济增长。但是，实施扩大内需战略与坚持深化供给侧结构性改革主线并不矛盾，二者具有内在一致性。促进经济高质量发展，加快构建新发展格局，要把实施扩大内需战略同深化供给侧结构性改革有机结合起来，培育完整内需体系，以创新驱动、高质量供给引领和创造新需求，形成更高水平供需动态平衡。

从经济增长的需求侧看，国内需求包括消费和投资两个方面。改革开放以来特别是党的十八大以来，我国在促进形成强大国内市场、发挥内需对经济发展的支撑作用方面取得巨大成就，最终消费支出占GDP之比连续11年保持在50%以上，资本形成总额占GDP之比也一直保持在合理水平。进入新发展阶段，实施扩大内需战略的环境条件发生了深刻变化，加快构建新发展格局也对扩大内需提出了新要求。现在实施扩大内需战略，是要全面促进消费，加快消费提质升级，优化投资结构，拓展投资空间，更好地发挥消费对经济发展的基础性作用和投资对优化结构的关键性作用，到2035年实现消费和投资规模再上新台阶、完整内需体系全面建立的目标。

实施扩大内需战略，并不意味着可以仅仅从需求侧单向突进促进经济增长、构建新发展格局，并不意味着供给侧结构性问题已经得到解决而可以放弃推进供给侧结构性改革这一主线。实施扩大内需战略，还必须同深化供给侧结构性改革有机结合起来，搞好统筹扩大内需和深化供给侧结构性改革。理解这一点，我们需要对实施扩大内需战略和供给侧结构性改革的内在一致性要求有一个全面认识。

宏观经济政策分析通常采用总供给和总需求的分析框架，总供给分析的经济产出是基于经济产出量取决于资本、劳动和技术这些生产要素供给这个生产函数计算出的，其经济增速是潜在的增速，是长期视角分析的经济增长；总需求分析的经济产出则是基于GDP等于消费、投资和净出口之和这个公式计算出的，其经济增速是现实的增速，是短期视角分析的经济增长。因此，在宏观经济调控的政策体系中，供给侧管理和需求侧管理是宏观调控的两类手段。供给侧管理强调针对经济中存在的长期性、结构性问题，通过生产要素优化配置和调整产业结构来提高供给质量和效率，跨周期激发经济发展动力、提高潜在增长率，从而实现促进经济长期增长目标；需求侧管理则强调针对经济中存在的周期性、总量性问题，通过短期财政政策和货币政策等来逆周期刺激或者抑制需求总量，从而短期调控经济增长速度、实现现实增长目标。这意味着，从需求侧入手和从供给侧入手进行宏观调控的主要区别在于把握经济增长长期趋势和短期波动。因此，任何一个经济体要实现稳定、可持续的经济增长，都需要把握好供给侧和需求侧两方面政策，通过供给侧管理政策和需求侧管理政策有效结合实现经济发展目标。

进入新时代，随着人口红利逐步减少，潜在增长率下降，我国经济发展的矛盾主要体现在供给侧方面，再加之我国经济结构中实体经济内部、金融与实体经济、房地产与实体经济失衡问题，2015年中央经济工作会议提出深化供给侧结构性改革，具体经济政策包括"三去一降一补"、增强微观主体活力、提升产业链现代化水平、畅通国民经济循环等内容。应该强调的是，供给侧结构性改革不仅包括一般意义的供给侧管理所要求的关于从供给要素入手、着眼于提高潜在生产率的政策内容，还指明了通过深化改革完善市场经济体制机制、解决供给结构性矛盾等实现路径。

习近平总书记指出："供给侧结构性改革，说到底最终目的是满足需求，主攻方向是提高供给质量，根本途径是深化改革。"这意味着供给侧结构性改革是通过深化经济体制改革来改善经济结构、提高供给质量、更好地满足需求。也就是说，供给侧结构性改革本意就是要通过持续推动科技创新、制度创新，提高全要素生产率和潜在增长率，突破制约高水平技术供给、制度供给的关键问题，推动质量变革、效率变革、动力变革，构建现代化市场体系、现代化产业体系、收入分配体系和新型消费体系，培育由提高供给质量、优化分配格局、健全流通体系、全面促进消费、拓展投资空间等共同组成的完整内需体系，实现生产、分配、流通、消费各个环节有序链接、高效畅通，使供给更好地创造和满足新的高水平需求，最终体现为消费和投资内需扩大的现实经济增长。因此，深化供给侧结构性改革本身就内嵌于扩大内需的要求之中，扩大内需战略要求深化供给侧结构性改革，二者具有内在一致性要求。从根本上看，实施扩大内需战略和深化供给侧结构性改革，都是为了畅通国内大循环，形成国民经济良性循环，加快构建新发展格局，实现更高质量、更有效率、更加公平、更可持续、更为安全的发展，更好地满足人民对美好生活向往的现实需要。

搞好统筹扩大内需和深化供给侧结构性改革，形成需求牵引供给、供给创造需求的更高水平动态平衡，需要寻求扩大内需战略和深化供给侧结构性改革的有效结合点去发力。习近平总书记指出："着力扩大有收入支撑的消费需求、有合理回报的投资需求，有本金和债务约束的金融需求。建立和完善扩大居民消费的长效机制，使居民有稳定收入能消费、没有后顾之忧敢消费、消费环境优获得感强愿消费。完善扩大投资机制，拓展有效投资空间，适度超前部署新型基础设施建设，扩大高技术产业和战略性新兴产业投资，持续激发民间投资活力。"这从消费和投资两个方面为搞好统筹扩大内需和深化供给侧结构性改革指明了具体的着力方向。

统筹实施扩大内需战略和深化供给侧结构性改革要围绕着建立和完善扩大居民消费的长效机制发力，更好地发挥消费的基础性作用。一方面，通过深化供给侧结构性改革，使得供给体系和供给质量能够顺应消费升级趋势，着力满足个性化、多样化、高品质消费需求，实现需求牵引供给，提升传统消费，培育新型消费，扩大服务消费，适当增加公共消费；另一方面，供给侧结构性改革要从培育完整内需体系入手，高度重视实施就业优先战略和深化收入分配领域改革，提高居民收入水平。居民收入水平直接决定了居民消费能力，进而影响着国家的内需消费潜力。党的二十大报告指出，强化就业优先政策，健全就业促进机制，健全就业公共服务体系，统筹城乡就业政策体系，促进高质量充分就业；构建初次分配、再分配、第三次分配协调配套的制度体系，努力提高居民收入在国民收入分配中的比重，提高劳动报酬在初次分配中的比重，坚持多劳多得，鼓励勤劳致富，促进机会公平，增加低收入者收入，扩大中等收入群体。这些改革方向和内容既是实施就业优先战略和深化收入分配制度改革的重要任务，也是完善内需体系、畅通我国经济循环的重要要求。

（二）着力拓展有效投资空间

加快构建新发展格局，需要坚持以推动高质量发展为主题，把实施扩大内需战略同深化供给侧结构性改革有机结合起来，增强国内大循环内生动力和可靠性，提升国际循环质量和水平，推动经济实现质的有效提升和量的合理增长。这必然要求持续强化消费对经济发展的基础性作用和有效发挥投资对经济发展的关键性作用。一方面，要牢牢抓住消费对经济增长的主拉动力，持续提高消费对经济增长、对畅通经济循环的贡献，推进经济增长模式从投资驱动为主向消费拉动为主转变；另一方面，还必须高度重视投资对扩大内需、推进经济结构优化升级、增强国内大循环内生动力和提升国际循环质量的重要作用。居民最终消费是收入和就业的函数，而收入和就业的增长又取决于投资的增加。因此，消费和投资不能割裂开，构建新发展格局，畅通国内大循环，需要协同发挥消费与投资对经济增长的支撑作用。

1.更好发挥有效投资在构建新发展格局中的关键作用

当前我国正处于新型工业化、信息化、城镇化、农业现代化快速发展阶段，我国发展的不平衡不充分问题仍然突出，有关基础设施、市政工程、农业农村、公共安全、生态环保、公共卫生、物资储备、防灾减灾、民生保障、城乡区域协调发展等领域还存在发展不平衡方面的大量短板，还在数字经济发展、战略性新兴产业发展、新型基础设施、高质量城镇化发展、科研教育发展等领域发展不充分。人口规模巨大是我国的一个基本国情，规模超过发达国家人口的总和，如果从人均角度看，我国现代化基础设施、民生和产业现代化水平等很多领域都还有非常大的提升空间。这意味着与发达国家相比，总体投资缺口巨大，在很多方面还有较大投资空间，投资需求潜力巨大。在新征程中，推进中国式现代化建设还必须进一步加大投资力度。

一直以来，我国高投资驱动经济增长之所以被认为是规模扩张性的粗放经济增长模式，主要是资本边际报酬递减以及过度投资对经济结构的扭曲、导致了银行不良资产增加和金融系统风险积累的问题。也就是说，问题的关键不是要不要投资驱动，而是投资的有效性如何。投资有效性并不仅仅是短期回报，从经济循环角度看，当期的投资是未来的消费基础，衡量投资回报应该着眼于提高投资的全生命周期的回报。理论上说当投资边际成本等于边际价值时，投资规模最优。对于政府公共投资，这里的边际价值是指社会价值，公共投资规模最优点是边际成本等于社会价值。有效的投资既要避免投资规模低于最优点而造成投资不足、无法发挥投资的作用，又要防止投资规模高于最优点而形成投资过度、造成极大浪费。但是，实际上判断一项投资是否是有效投资，由于投资周期长、评价标准不确定和多重性等原因，往往十分复杂和困难。

  但是，从投资领域来看，按照高质量发展的要求，如果投资方向更加倾向于解决经济发展不平衡不充分的突出问题，包括增强创新能力、提高实体经济供给质量、强化生态环境保护、改善民生、缩减区域差距和收入差距、解决教育医疗等社会公共服务难题等方面，那就属于有效投资领域。具体可以把这些发展不平衡不充分领域的有效投资划分为"补短型"投资和"升级型"投资两大类。所谓"补短型"投资主要是针对发展中不平衡的领域进行的具有"补短板"功能的投资，例如，针对区域协调发展的投资、针对民生欠账的投资，以及基于协调发展理念要解决经济发展的短板问题，从加快构建新发展格局要求看，这类投资有助于提高国民经济运行的协调性、疏通国民经济循环的堵点，从而畅通经济循环、扩大经济循环流量，提高经济循环覆盖面。所谓"升级型"投资主要是针对未来数字化、绿色化等现代化发展方向推进经济转型升级的具有"促升级"功能的投资，例如战略性新兴产业投资、推进产业链供应链现代化水平提升的投资，从加快构建新发展格局要求看，这类投资可以从国民经济循环角度提供经济循环的新动能，提高经济循环的内生动力和可靠性。当然，这两类投资区别并不是绝对的，很多有效投资同时具有"补短板""促升级"功能。

总之，加快构建新发展格局，坚决实施扩大内需战略，需要更好地发挥有效投资的关键作用，这要求寻找和把握有效投资方向，聚焦关键领域和薄弱环节，努力增加制造业投资，加大重点领域"补短板"力度，系统布局新型基础设施，着力提高投资效率。

2.重点把握新基建、高技术和战略性新兴产业的有效投资方向

以有效投资加快构建新发展格局，要善于把握有效投资的重点方向。加快构建新发展格局，畅通国内经济大循环，增加国内大循环内生动力和可靠性，提高国际循环质量和水平，需要有现代化经济体系支撑，尤其是需要有现代化基础设施体系和自主可控、安全可靠、竞争力强的现代化产业体系作为基础。建设现代化基础设施体系需要系统布局新型基础设施，而打造现代化产业体系，最为关键的是推进高技术产业和战略性新兴产业的发展。因此，新型基础设施建设投资、高技术产业投资和战略新兴产业投资，对于建设现代化经济体系、构建新发展格局具有十分重要的意义。适度超前部署新型基础设施建设，扩大高技术产业和战略性新兴产业投资，作为有效投资的重点方向十分必要。

新型基础设施一般包括信息基础设施，其中有以5G、物联网、工业互联网、卫星互联网为代表的通信网络基础设施，以人工智能、云计算、区块链等为代表的新技术的基础设施，以及以数据中心、智能计算中心为代表的算力基础设施等。从更为抽象和广义的内涵看，新型基础设施可以理解为是支撑新型工业化、新型城镇化的基础设施和现代化经济体系的基础设施，本质上是服务于经济社会向信息化、数字化、网络化、智能化、绿色化方向转型的基础设施。显然，如此广博的新型基础设施内涵，意味着新型基础设施建设具有巨大的投资空间和潜力。将新型基础设施建设投资作为有效投资的主要方向，其意义不仅仅在于投资需求巨大，进而有利于支撑经济增长、扩大经济循环，更为重要的意义是可以促进经济升级、提高经济循环的质量和水平。

现代化产业体系具有技术创新能力强、高技术要素和产业占比高、处于高附加值的价值链环节等特征，高技术产业和战略性新兴产业发展情况是决定产业体系现代化程度的一个关键，也是产业体系能否自主可控、安全可靠、竞争力强的决定性因素。因此，"十四五"规划专门提出到2025年实现战略性新兴产业增加值占GDP比重超过17%的目标。扩大高技术产业和战略新兴产业投资，一方面，注重产业融合发展，着重推进现代服务业与先进制造业的深度融合、实体经济与数字经济的深度融合，加快推进数字产业化、产业数字化，实现产业向高级化、智能化、绿色化和服务化方向优化升级。另一方面，注重产业集群发展，培育一批具有竞争力的先进产业集群，打造具有国际竞争力的数字产业集群，聚焦新一代信息技术、生物技术、新能源、新材料、高端装备、新能源汽车、绿色环保及航空航天、海洋装备等战略性新兴产业的集群化发展，从而构建产业体系现代化的新支柱，为不断拓展培育新产业新业态新模式、抢占产业竞争制高点提供了新路径。

3.不断完善扩大有效的投资体制机制

扩张有效投资空间不仅仅要关注投资领域和投资方向，更为重要的是关注投资回报率，着力扩大的是有投资回报的投资需求。提高投资回报率，本质上需要通过创新驱动提高全要素生产率，这要求通过更加合理、更为有效的投融资体制机制来配置资金。也就是说，需要通过持续完善体制机制来实现投资回报率的提高，这是扩大投资需求的根本要求。

这也意味着，扩大内需的投资一定要和深化供给侧结构性改革结合起来，通过深化供给侧结构性改革形成有效的投资体制机制，通过投资机制优化来改善扩大投资质量，从而提升供给体系对国内需求的适配性，以创新驱动、高质量供给引领和创造新需求。完善扩大投资的体制机制，尤其要注意以下三方面问题。

一是注重完善政府投资体制机制，提高公共投资效率。由于公共投资一般缺少市场竞争约束，需要更加强调提高公共投资的效率。一个公共投资项目要具有理想的投资效率，一方面要满足最大化投资的乘数效应和最小化投资的挤出效应要求，能够带动更多的民间投资；另一方面要最大限度地实现投资的社会综合价值，包括经济增长目标、社会公平目标、生态价值目标、空间布局优化目标等各方面。公共投资要根据社会成本和社会价值来评判投资效率，要找准公共投资领域中的短板和经济升级的关键领域，精准投资，防止杠杆率和金融风险过度上升，防止地方政府的公共投资盲目冲动，防止出现产能过剩、重复建设、库存增加、成本高企等问题。

二是注重完善市场体系和市场机制建设，促进民间投资发展。要充分发挥市场在资源配置中的决定性作用，政府要为市场主体创造良好的投资环境，进一步放宽民间投资领域，拓宽民间投资渠道，创新投融资机制，让更多社会资本参与到基础设施、公共设施、公益事业等公共产品投资，不断完善要素市场化配置体制机制，深入推进统一大市场建设，维护公平的市场竞争环境，切实保护民间投资的合法权益，以法治化为核心进一步建设和完善市场体系，提高行政服务效率。

三是注重完善国内国际双向投资机制，推进内外产业深度融合。依托我国超大规模市场优势，以国内大循环吸引全球资源要素，增强国内国际两个市场、两种资源联动效应,提升贸易投资合作质量和水平。一方面要求稳步扩大规则、规制、管理、标准等制度型开放,合理缩减外资准入负面清单,依法保护外商投资权益,提升投资信心,营造市场化、法治化、国际化一流营商环境,从而吸引全球高素质要素集聚,以中国新发展给世界投资创造新机遇。另一方面要求积极参与国际经贸规则谈判,增强在国际大循环的话语权,扩大面向全球的高标准自由贸易区网络,要继续推动"一带一路"高质量发展,政府、企业与第三方服务机构要携手做好对外投资的风险管理,为推进我国企业深度参与全球产业分工和合作创造更好的条件,在构建互利共赢、多元平衡、安全高效的开放型经济体系中不断增强我国国际经济合作和产业竞争新优势,从而在经济全球化背景下提高产业体系竞争力和实现国家经济安全。

(三)着力打造现代化产业体系

新发展格局以现代化产业体系为基础,要求打造自主可控、安全可靠、竞争力强的现代化产业体系。在世界百年未有之大变局加速演进、中华民族伟大复兴战略全局进入实现第二个百年奋斗目标的新发展阶段背景下,加速打造现代化产业体系,不断提升产业基础能力和产业链现代化水平,加快培育具有国际竞争力的战略性新兴产业和产业集群,形成创新能力强、完整有韧性的产业链供应链,对实现全面建成社会主义现代化强国目标具有重大意义。

1. 建设现代化产业体系是构建新发展格局的重大任务

一个现代化国家,必须有现代化经济体系支撑,我国开启全面建设社会主义现代化国家新征程,必须建设现代化经济体系。经济体系中,产业体系是基础和核心,着重发挥了创造供给、满足需求的生产制造和促进流通的关键作用。产业体系作为现代经济体系的一个子系统，从结构角度可以划分为不同产业、产业链和供应链，也可以划分为不同的产业集群，要素角度包括技术、资本、人力以及其他各种基础条件。现代化产业体系就是建立在现代技术、资本和人力等要素基础之上，由现代化产业、产业链和产业集群构成的经济体系。

现代化产业体系中，实体经济尤其是制造业具有核心和主体地位，现代化产业体系具备两方面的突出特性。一方面是创新驱动发展特性，体现为技术创新能力强、高技术要素和产业占比高、处于高附加值的价值链环节等方面，这也是产业体系自主可控、安全可靠、竞争力强的决定性因素；另一方面是协调发展特性，体现为产业之间和要素之间协调匹配，实体经济、科技创新、现代金融、人力资源能够实现协同发展。因此，建设现代化产业体系，要把握住创新引领、协调发展两方面特征，坚持把发展经济的着力点放在实体经济上，扎实推进新型工业化，推进实体经济和制造业高质量发展。依靠创新驱动实体经济供给质量提升，促进实体经济、科技创新、现代金融、人力资源协同发展，形成高技术含量的现代化产业基础能力、产业、产业链和产业集群。

从经济循环角度看，产业体系是国民经济循环体系的动力和基础。加快构建以国内大循环为主、国内国际双循环相互促进的新发展格局，其关键在于经济循环的畅通无阻，最本质特征是高水平自立自强。国民经济循环能够在各种情况下都畅通无阻，需要各个产业有序链接、高效匹配，需要自主创新为主的创新驱动发展，需要各个产业和要素的协调发展，也就是要求加快建设自主可控、安全可靠、竞争力强的现代化产业体系。

改革开放以来尤其是新时代以来，我国产业发展取得了历史性成就，作为全球经济总量第二、制造业总量第一大国，产业体系比较完整，超大规模市场优势突出，内需市场潜力巨大，在全球产业链和供应链中具有重要地位。但是，总体上看，我国产业体系还存在结构性供需失衡突出、质量效益不高、核心竞争力不强、产业基础相对薄弱、在全球价值链仍处于中低端、核心技术受制于人、产业安全面临挑战等突出问题。而在世界百年未有之大变局下，我国产业链供应链的稳定性面临多重压力，新一轮科技和产业革命下产业转型、全球产业链重构、战略性资源产品国际供给巨大波动、经济全球化遭遇逆流、全球贸易摩擦和壁垒增多、投资保护主义抬头等多重因素叠加给我国产业体系带来不确定性。尤其是在美国采用制裁、脱钩、封锁、排挤等手段对我国科技创新和产业发展进行不断打压的背景下，我国产业体系能否做到自主可控、安全可靠、国际竞争力强成为决定我国经济循环畅通无阻、高水平自立自强能力的关键，成为构建新发展格局需要解决的主要矛盾。针对我国产业体系的突出问题，扬优势、补短板、强弱项，加快建设自主可控、安全可靠和具有竞争力的现代化产业体系，就成为构建新发展格局的必然要求和重大任务。

2. 提升产业链韧性是建设自主可靠现代化产业体系的关键举措

全球经济竞争已不仅是企业之间、产业之间的竞争，而是已经步入产业链竞争时代。构成一个国家产业安全威胁的主要是全球产业链的"断链"或者"卡链"，而确保开放经济条件下产业链不被"卡""断"，或者受到外部冲击时能够抵御风险或者能够迅速实现恢复，这种能力就是产业链的韧性。要保证产业体系的自主可控、安全可靠，产业链必须具有很强的韧性。

从价值链和产业链角度看，我国产业在全球价值链体系中整体附加值还较低，我国产业链总体上处于中低端地位，我国产业总体上是大而不强，存在众多"核心能力短板"、"关键能力短板"和"基础能力短板"，存在很多"卡脖子"技术问题。从产业安全角度看，这些"能力短板"会转化为我国产业链上的"韧性短板"，弥补我国产业链"韧性短板"，提高我国产业链韧性，成为建设自主可控、安全可靠的现代化产业体系的必然要求和重要举措。具体而言，提高我国产业链韧性可以从要素、企业、产业和生态四个层面入手。

一是加快科技自立自强步伐，强化高水平自主技术要素供给。提高产业链韧性和实现现代化产业体系自主可控，最重要的是关键核心技术的自主可控。这需要围绕重点产业链，找准关键核心技术和零部件"卡脖子"薄弱环节，推进新一代信息技术、生物技术、人工智能等领域的关键核心技术攻关工程，实现高端芯片、操作系统、新材料、重大装备的核心技术的率先突破，推进产业基础再造工程，提高产业基础能力现代化水平。在政策方面，一方面要正确处理产业政策与竞争政策关系，充分发挥竞争政策对颠覆性创新的促进作用；另一方面要发挥社会主义市场经济条件下的新型举国体制优势，加快共性基础建设，突破关键共性技术、前沿引领技术等。

二是加快培育链主企业和关键节点控制企业，提高我国企业全球产业链掌控能力。企业是产业链韧性的主体力量，要打造自主可控、安全可靠、竞争力强的现代化产业体系，需要培育一批世界一流企业主导产业链，更需要培育大量的专精特新中小企业、"单项冠军"企业掌控产业链关键节点。这要求积极推进领航企业培育工程，支持专精特新"小巨人"企业高质量发展，鼓励企业在核心基础零部件、关键基础材料、重要基础工艺、共性技术基础等方面进行技术攻关，聚焦新一代信息技术产业、高档数控机床和机器人、航空航天装备、海洋工程装备，高技术船舶、先进轨道交通装备、节能，新能源汽车、电力装备、农机装备、新材料、生物医药，高性能医疗器械等十大重点产业领域"补短板"和"锻长板"。

三是制定实施有效的产业政策，推进产业链的强链补链稳链。支持产业形成多元化的产业链接关系和多元化合作网络，形成原料采购多元化、技术供给多元化、运输渠道多元化的产业链条，提高链主企业和关键节点企业的备份能力。强化产业链上下游、大中小企业协同攻关，提高产业链上下游企业协调配套能力，降低全链条的交易成本，在PPI与CPI"剪刀差"过大时可对中下游企业采取必要支持措施，强化数字化产业和产业数字化的融合协调发展，提高产业链的数字化技术链接水平。坚持创新链、产业链、人才链、资金链一体部署，推动"四链"的深度融合。

四是持续优化实体经济发展环境，形成提高产业链韧性的良好生态。深化科技体制改革，破除科技成果顺畅转移转化的制度性障碍，持续完善创新生态。深化金融供给侧结构性改革，要继续把发展经济的着力点放在实体经济上，切实解决"脱实向虚"结构失衡，推进现代服务业和先进制造业、现代农业深度融合，发展产业链供应链金融，促进科技、产业、金融良性循环。建立针对产业链的理论基础分析框架和常态化信息收集反馈处理机制，准确及时掌握分析产业链变化情况，有效支撑产业链韧性的政策制定实施。

3. 推动产业融合集群发展是提高现代化产业体系竞争力的重要路径

产业融合化、集群化是当今世界产业现代化的两大发展趋势和重要发展方向，是在新一轮科技革命和产业变革背景下产业组织形态变化的两方面突出特征和两类新模式。产业融合化发展是不同产业、行业之间的相互渗透、交叉重组的融合发展过程,技术变革尤其是数字技术发展是产业融合的重要驱动力,产业融合过程会促进价值链的分解、重构和功能升级,从而提高产业适应、引领、创造新需求的能力,产生大量新产业功能、新产业形态、新产业组织方式以及新商业模式,极大提升产业竞争力。产业集群化发展是指在一定区域内生产一定种类产品的技术经济关联企业和机构的集聚协同发展,集群化发展具有要素集聚协同性强、知识传导外溢性强、创新能力强、主体互动便利等特性,有利于更好地形成专业化分工协作、规模化发展等各方面集聚效应。

产业融合化、集群化发展本身也可以关联叠加,形成产业融合集群发展。推进新型工业化和建设现代化产业体系必然要求适应产业融合集群发展大趋势,要求推动产业融合集群发展,尤其是要求推动战略性新兴产业的融合集群发展。无论是从产业安全视角,还是从产业竞争力提升视角,推进产业融合化、集群化发展都是建设现代化产业体系的重要路径。

从产业融合化发展看,我国建设竞争力强的现代化产业体系要着重推进现代服务业与先进制造业的深度融合、实体经济与数字经济的深度融合。制造业是立国之本、强国之基,我国打造自主可控、安全可靠、竞争力强的现代化产业体系,加快构建新发展格局必须适应产业融合发展的大趋势,加快推进制造业与服务业融合发展,加快推进数字产业化、产业数字化,以数字经济赋能制造业与服务业融合,从而实现制造业向高级化、智能化、绿色化和服务化方向优化升级,实现从制造大国向制造强国转变。先进制造业与现代服务业融合发展,一方面促进了制造业的高质量发展,另一方面推进了生产性服务业向专业化和价值链高端延伸，可以激发大量新产业、新业态和新模式，包括工业设计服务、定制化服务、供应链管理、共享或协同制造、全生命周期管理、总集成总承包或系统解决方案提供服务、信息增值或智能服务、生产性金融服务、节能环保服务等。基于国家统计局数据，2017年到2021年五年中我国新产业、新业态、新模式"三新"经济增加值逐年提高，分别为129578亿元、145369亿元、161927亿元、169254亿元、197270亿元，占GDP的比重也逐年提升，从2017年的15.7%提高到2021年的17.3%，这些"三新"产业大多是推进服务型制造或者制造业服务化的产业融合创新的成果。

产业融合化发展不仅指国内产业之间融合，从产业区域布局看还包括国内外的产业融合发展。现代化产业体系一定是一个开放的产业体系，新发展格局也是一个国内国际双循环相互促进的发展格局，这意味着无论从打造现代化产业体系看，还是从构建新发展格局要求看，都需要支持企业深度参与全球产业分工和合作，促进内外产业深度融合。内外产业的深度融合，在微观层面体现为企业深度参与全球产业分工、进行国际贸易投资合作，在宏观层面体现为以产业为载体联动国内国际两个市场、联动国内国际两种生产要素资源。只有通过内外产业深度融合，我们才可能依托我国超大规模优势吸引全球要素资源，在构建互利共赢、多元平衡、安全高效的开放型经济体系中不断增强我国国际经济合作和产业竞争新优势，从而在经济全球化背景下提高产业体系竞争力和实现经济安全。

从产业集群化发展看，虽然我国已经形成了一大批产业集群，但我国产业在集群化发展方面无论是集群数量还是集群质量都还不够，许多产业尤其是战略性新兴产业的发展，还没有形成合理的专业化分工体系和产业生态，还缺少世界级先进制造业集群，战略性新兴产业领域具有国际竞争力的产业集群还十分缺乏，支撑我国数字经济大发展具有国际竞争力的数字产业集群也亟待培育。培育一批具有竞争力的先进产业集群，是建设现代化产业体系十分急迫的重要任务。着眼未来产业发展先机看，一方面要聚焦新一代信息技术、生物技术、新能源、新材料、高端装备、新能源汽车、绿色环保及航空航天、海洋装备等战略性新兴产业的集群化发展，到2025年实现战略性新兴产业增加值占GDP比重超过17%的"十四五"规划目标，构建现代化产业体系的新支柱，为不断拓展培育新产业新业态新模式、抢占产业竞争制高点提供新路径。另一方面要前瞻谋划未来产业，在类脑科学、量子信息、基因技术、未来网络、深海空天开发、氢能与储能等前沿科技和产业变革领域，探索有利于前沿技术孵化、多元化资金投入、早期市场培育等体制机制，加强前沿技术、颠覆性技术多路径探索和交叉融合，积极打造未来技术应用场景，强化培育孵化一批未来技术，抢占产业变革制高点，为形成未来的先进制造业产业集群、提高未来现代化产业国际竞争力奠定基础。

（四）着力解决制约扩大内需的主要矛盾和问题

一是加快解决制约我国自主创新的体制机制障碍。新发展阶段我国经济发展环境和自身条件都已经发生了变化，无论是从牢牢把握未来发展主动权、增强发展的安全性来看，还是从我国生产函数组合方式来看，科学技术创新的重要性都全面上升。科技创新能力薄弱是制约我国经济循环内生动力不足的关键问题，我国必须坚持创新在我国现代化建设全局中的核心地位，把科技自立自强作为国家发展的战略支撑，把提高科技自立自强水平作为加快构建新发展格局的根本着力点。

加快科技自立自强步伐。一方面，坚持问题导向，抓住面向世界科技前沿、面向经济主战场、面向国家重大需求、面向人民生命健康的重大科技问题、"卡脖子"问题进行攻关，着力健全新型举国体制，强化国家战略科技力量，优化配置创新资源，力争成为世界主要科学中心和创新高地。另一方面，坚持系统观念，坚持教育发展、科技创新、人才培养一体推进，坚持原始创新、集成创新、开放创新一体设计，坚持创新链、产业链、人才链一体部署，坚持科教兴国战略、人才强国战略、创新驱动发展战略有效联动，从而实现高水平自立自强，进入创新型国家前列。

二是加快解决制约区域间经济循环的体制机制障碍。要素循环新发展格局要求的畅通国内大循环，是立足全国、面向世界的统一的大循环、大市场，不是建设本地区、本部门、本区域的小市场和小循环。加快构建新发展格局，一定要从全国协调发展的全局高度着力推进。新时代以来，在新发展理念指导下我国协调发展取得了巨大成就。但是，当前我国城乡协调发展和区域协调发展还存在高质量发展的短板，制约了新发展格局的形成。2021年城乡居民收入差距还有2.5倍，不同地区间人民生活水平、基本公共服务均等化、基础设施通达度、地区比较优势发挥和绿色低碳协同发展等各方面还存在明显的差距。因此，加快构建新发展格局需要着力全面推进城乡协调和区域协调发展，提高国内大循环的覆盖面。提高国内大循环覆盖面需要打破城乡、区域的经济循环障碍，加快推进全国统一大市场建设，增强城乡和区域的经济联系，促进各类要素合理流动和高效集聚。从战略上看，这一方面要求新型城镇化战略与全面推进乡村振兴战略有效协同。两大战略协同的重要着力点是推动城乡融合发展，推进以县城为重要载体的城镇化建设，通过城乡融合、县城建设进一步畅通城乡经济循环，带动和发挥乡村作为消费市场和要素市场的重要作用。另一方面要求推动区域协调发展战略、区域重大战略、主体功能区战略等深度融合，推进京津冀、长三角、珠三角及重要城市群成为高质量发展的新动力源，强化其他地区保障粮食安全、生态安全、边疆安全的功能发挥，最终形成合理分工、优势互补、良性互动、有效支撑新发展格局的现代化区域经济体系。

三是加快建设高水平市场经济体制和开放型经济新体制。加快构建经济循环畅通无阻的新发展格局，需要建设更高水平社会主义市场经济体制和开放型经济新体制，需要充分发挥市场在资源配置中的决定性作用，更好发挥政府作用，需要坚持"两个毫不动摇"、营造各种所有制主体依法平等使用资源要素、公平参与竞争、同等受到法律保护的制度环境，进一步激发各类经营主体活力。当前，还存在一系列影响国内外大循环动力和活力的体制机制障碍，比如，高效规范、公平竞争、充分开放的全国统一大市场还没有形成，还存在制度约束使得国企不敢干、民企不敢闯、外企不敢投，产权保护制度、市场准入制度、公平竞争制度、社会信用制度等市场体系基础制度需要进一步完善，营商环境的市场化、法治化、国际化水平还需进一步提升，我国在国际大循环中的话语权不足，在规则、规制、管理、标准等方面开放水平不够高，等等。为此，要深入贯彻党的二十大精神，围绕构建高水平社会主义市场经济体制、推进高水平对外开放，谋划新一轮全面深化改革，尤其要着力推进深化要素市场化改革、建设高标准市场体系、加快构建全国统一大市场和扩大制度性开放，从而增强国内外大循环的动力和活力，为加快构建新发展格局提供有效制度基础。

《中共中央党校（国家行政学院）学报》2023年第3期

培育经济发展新动能

徐 强

高质量发展是全面建设社会主义现代化国家的首要任务。党的十八大以来,以习近平同志为核心的党中央深入分析我国发展新的历史条件和阶段,全面认识和把握我国现代化建设实践历程以及各国现代化建设一般规律,作出推动高质量发展的重大决策部署。习近平总书记围绕为什么要推动高质量发展、什么是高质量发展、怎样推动高质量发展等问题作出一系列重要论述。这些重要论述是习近平经济思想的重要内容,为进一步推动高质量发展、培育壮大经济发展新动能,提供了遵循。

锚定高质量发展目标任务,培育经济发展新动能,推动产业高质量发展是个重要抓手。当前,新一轮科技革命和产业变革与我国加快转变经济发展方式形成历史性交汇,我国具有创新能力提升快、市场需求支撑强、产业升级空间大的良好态势,新动能培育迎来了难得的历史性机遇。对此,需聚焦产业发展面临的现实问题和现存短板,运用系统思维,统筹谋划和推进,主要在"加减乘除"四个方面切实发力。

一是做好传统产业与新兴产业协同发展的"加法"。需全面推行绿色制造,促进工艺现代化、产品高端化,提升产品质量和品牌效益,推动

作者系国家信息中心主任。

传统产业在数字赋能、绿色发展中转型升级。大力培育新兴产业，前瞻部署未来产业，加快新能源、人工智能、生物制造、绿色低碳、量子计算等前沿技术研发和应用推广，以科技创新引领产业全面跃升，带动新经济增长点不断涌现。

二是做好减少低端和无效供给的"减法"。做减法，关键在于减少低端供给和无效供给，为经济发展留出空间。我国部分传统产业还存在供给质量不高、供给与需求不匹配等问题，一些"过剩产能""僵尸企业"占用资源，妨碍了经济发展新动能的培育和壮大。需着力破除不适应市场需求、污染较为严重的低端和无效供给，扩大有效和中高端供给，不断优化产业结构。

三是做好科技创新赋能产业发展的"乘法"。科学技术通过应用于生产过程、渗透在生产力诸多要素中而转化为实际生产能力，产生的是"乘数"和"倍增"效应。培育经济发展新动能，需要我们集聚力量进行原创性引领性科技攻关，加快实施一批具有战略性全局性前瞻性的国家重大科技项目，不断增强自主创新能力，让产业的高质量发展、新动能的持续涌现有坚实的科技支撑。

四是做好破除制度性障碍的"除法"。推动产业高质量发展、培育经济发展新动能，还要打通经济循环的"大动脉"和"毛细血管"，促进各类要素顺畅流动、融合发展。要疏通堵点，加快建设高标准市场体系，发挥全国统一大市场支撑作用，实现市场准入畅通、市场开放有序、市场竞争充分、市场秩序规范，促进各类企业优势互补、竞相发展。

《经济日报》2023年10月13日

三 深化重点领域改革

人民日报·评论员观察 / 李洪兴

妥善处理公有制与市场经济的关系 / 桑百川

建设全国统一大市场的重大意义及重点方向 / 王大树

> 要谋划进一步全面深化改革重大举措，为推动高质量发展、加快中国式现代化建设持续注入强大动力。不断完善落实"两个毫不动摇"的体制机制，充分激发各类经营主体的内生动力和创新活力。深入实施国有企业改革深化提升行动，增强核心功能、提高核心竞争力。促进民营企业发展壮大，在市场准入、要素获取、公平执法、权益保护等方面落实一批举措。促进中小企业专精特新发展。加快全国统一大市场建设，着力破除各种形式的地方保护和市场分割。有效降低全社会物流成本。要谋划新一轮财税体制改革，落实金融体制改革。

人民日报·评论员观察

深化重点领域改革

——扎实做好2024年经济工作

李洪兴

经济增长的动力从改革中来、从创新中来，改革创新是摆脱增长乏力、获得不竭动力的关键

做好今年经济工作，我们要以重点领域改革为牵引，全面推进各领域体制机制创新，激活发展潜能

以改革促发展，靠改革添动力。"真的太快了，1094辆进口汽车集中出证，当天就拿到了全部证书。"一家公司的经理感叹的"快"，正是源自改革之效。2023年6月，上海启动进口机动车辆《货物进口证明书》和《进口机动车辆随车检验单》"两证合一"改革试点，使获取证书的时间能缩短1—2天，进口汽车的仓储、管理、物流等成本也随之降低。减"证"增"效"，成为推进高水平制度型开放、加大营商环境重点领域改革力度的生动例证。

习近平总书记深刻指出："发展环境越是严峻复杂，越要坚定不移深化改革"。经济增长的动力从改革中来、从创新中来，改革创新是摆脱增长乏力、获得不竭动力的关键。不久前举行的中央经济工作会议部署做

好2024年经济工作的9项重点任务,其中重要一项就是"深化重点领域改革"。谋划进一步全面深化改革重大举措,有助于切实增强经济活力,也有助于为推动高质量发展、加快中国式现代化建设持续注入强大动力。做好今年经济工作,我们要以重点领域改革为牵引,全面推进各领域体制机制创新,激活发展潜能。

改革是解放和发展社会生产力的关键,是推动国家发展的根本动力。改革开放以来,我们党不断推进各领域体制改革,形成和发展符合当代中国国情、充满生机活力的体制机制。近年来,从财税体制改革、国有企业改革等关键领域改革向更深层次推进,到以改革为发力点突破点,推动经济社会发展各领域取得更大突破、展现更大作为,改革的系统性、整体性、协同性明显提升。接下来,破除发展瓶颈、汇聚发展优势、增强发展动力,我们依然要坚持系统观念,善打"组合拳",发挥好改革的先导和突破作用,更多解决深层次体制机制问题,多做创新性探索,多出制度性成果。

将改革进行到底,既要抓好面上,也要抓住重点。以资本市场改革为例,设立科创板并试点注册制,支持和鼓励"硬科技"企业上市;创业板改革并试点注册制,不断改进对创新创业企业的支持和服务;设立北京证券交易所,打造服务创新型中小企业主阵地……围绕供给侧发力,找准金融服务重点,资本市场改革不断深化,为统筹科技创新和产业创新提供了有力支撑。深化重点领域改革,打破制度掣肘,疏通断点堵点,才能让经济要素充分涌流,激发出澎湃活力。

深化重点领域改革,尤其应坚持先立后破,做好新旧模式之间的衔接和切换。深入实施国有企业改革深化提升行动,促进民营企业发展壮大,加快全国统一大市场建设,谋划新一轮财税体制改革,落实金融体制改革……这些重点领域改革都是做好2024年经济工作的关键处、攻坚点。立字当头,改革引领,更加注重统筹政策、方案、力量、进度,方能确保改革取得预期成效、真正解决问题,充分激发经营主体的内生动力。

事业发展永无止境,深化改革未有穷期。展望2024年全年,深化重点领域改革,促进解发展难题、优营商环境与增企业活力、强创新动力形成良性互动,中国经济将在改革创新中释放潜能,在战胜挑战中发展壮大,在积极进取中开拓新局。

《人民日报》2024年01月04日

妥善处理公有制与市场经济的关系

桑百川

进入新时代,完善社会主义市场经济的改革攻坚不停步,需要直面公有制与市场经济的关系这一重大理论问题,妥善处理公有制与市场经济的关系。传统的马克思主义否认社会主义公有制下还要发展市场经济,西方经济学则认为市场经济只能建立在私有制下。

党的十四大确立了建立社会主义市场经济的改革目标,这是中国特色社会主义的重要内容,但国内外关于公有制与市场经济关系的争论一直没有平息,认为社会主义公有制下搞市场经济将走向国家资本主义的观点仍有很大市场。所以,弄清公有制与市场经济的关系具有重要的理论和现实意义。

从本质上看,市场经济是内生于社会主义公有制的,社会主义公有制与市场经济具有内在统一性;同时,二者之间也存在矛盾性,只有有效缓解公有制与市场经济的矛盾,社会主义市场经济才能健康发展。

公有制与市场经济的统一性

商品经济和市场经济是内生于社会主义公有制的,并不是外加于公

作者系对外经贸大学国际经济研究院院长。

有制的，在公有制内部就存在着发展商品经济和市场经济的根源。只要建立了社会主义公有制，就必须发展市场经济，反过来说，建立了社会主义公有制后，却要消灭商品经济和市场经济，最终必然会损害社会主义公有制。

由于社会主义初级阶段生产力还不发达，产品还没有极大丰富，决定了劳动还是谋生的手段。既然劳动是谋生的手段，就决定了劳动者之间存在不同的经济利益，而劳动者又是在具体的国有企业里劳动的，所以国有企业之间也存在不同的经济利益。因此，不同的国有企业虽然属于同一个所有者——全民（国家代表人民占用生产资料），也必须实行商品生产，通过等价交换的方式来实现其不同的经济利益。为了等价交换而进行的生产就是商品生产，而商品生产和商品交换的统一，即商品经济。因此，商品经济是社会主义公有制下客观存在的经济利益关系决定的。而经济利益关系是经济关系的本质，即社会主义公有制下本质的关系决定了必须发展商品经济，商品经济内生于社会主义公有制。

如果在建立起社会主义公有制后，却要消灭商品经济，则意味着不承认甚至消灭劳动者之间、企业之间客观存在的经济利益差异。这种经济利益差异是社会主义公有制客观存在的本质关系。若连社会主义公有制客观存在的本质关系都不承认，还有什么社会主义公有制？在消灭了商品经济的同时，等于消灭了社会主义公有制自身。但没有经济利益差异的公有制并不是社会主义的公有制，那是共产主义公有制。

我国在高度集权的计划经济时代，曾一度尝试限制并消灭商品经济，结果严重挫伤了劳动者和企业的积极性，阻碍了社会生产力的发展。当一种制度或政策成为阻碍生产力的障碍的时候，生产力要不断向前发展，就必然要冲破束缚其发展的桎梏，改变不合理的制度和政策。这是决定中国走上改革之路、发展商品经济的根源。

商品经济和市场经济是同一个问题的两个方面，从人和人之间的联系方式上看是商品经济，但从资源配置的角度看，商品经济必然发展为市场经济。随着商品经济的发展并在整个国民经济中占据主体地位，则社会的资源配置是由市场机制决定的，即社会资源配置方式就是市场经济。因此，市场经济是内生于社会主义公有制的，社会主义公有制与市场经济具有内在统一性。

公有制与市场经济的矛盾性

有人从中国改革过程中出现的经济现象中找到了公有制和市场经济之间的矛盾。如：国有企业在走向市场过程中，一度出现内部人控制泛滥、国有资产大量流失、竞争力脆弱、经济效益低下的现象，而非公有制经济快速增长，于是认定公有制不适应市场经济要求；一些国有企业依赖行政垄断，获得高额收益，快速扩张，与公平竞争的市场经济原则产生冲突，因此，认为公有制与市场经济存在矛盾。其实，这些经济现象是在改革过程中经济体制还不健全的时期出现的，并非永恒的。随着改革的深化，造成上述现象的因素改变或消失，这些经济现象便会变化。近些年来，我国通过完善国有企业治理结构，规范国有资本监管制度，内部人控制、国有资产流失问题得到了有效缓解。而普遍反映国有企业效益低下的问题是多重因素导致的，与投资结构、历史包袱、内部管理、用人机制、政策待遇等因素相关。我国通过国有企业改革和资产重组，调整投资方向和投资布局等方式，甩掉冗员多、企业办社会等历史包袱，建立科学的企业管理制度，完善用人机制，公平税赋，硬化国有企业预算约束，但国有企业效益和竞争力得到大幅提升。

2015年，中央发布《深化国有企业改革的指导意见》以来，尝试实行竞争中立制度，推进公益类国企和商业类国企进行分类改革，破除商业类国企的行政垄断，不断拓展公平竞争环境。很多在实践中存在的问题也是改革中要逐步解决的，我们不能从现在存在的一些问题，得出公有制和市场经济之间存在矛盾的结论，而有必要从公有制的本质要求和市场经济的本质要求出发，看看二者的本质要求之间是否存在冲突，本质要求之间存在的冲突，才构成公有制和市场经济的矛盾。

社会主义公有制本质要求是什么？市场经济的本质要求又是什么？

第一，社会主义公有制本质上是社会劳动者共同成为生产资料所有者，因此，公有制本质上要求财产权利平等，反对财产垄断和垄断占有财产收入。市场经济本质上是市场机制配置资源，在市场机制配置资源中，资本所有者凭所有权获得收入，遵循优胜劣汰原则，有些企业在竞争中失败，倒闭破产，一些人就会丧失财产；有些企业在竞争中成功，一些人就会获得更多财富。因此，市场经济本质上承认财产权利的不平等，承认财产收入，并要求保护财产收入。于是，公有制和市场经济在本质要求上存在矛盾：主张财产权利平等与认同财产权利不平等、反对财产垄断和垄断占有财产收入与认同财产收入并保护财产收入之间的矛盾。

第二，社会主义公有制本质上是劳动者成为生产资料所有者，劳动者天然具有使用所拥有生产资料进行劳动的权力，即主张劳动权力平等，反对劳动力商品化，反对失业，因为一旦劳动力成为商品，在劳动力商品市场上就可能出现供求矛盾，有些人就可能失业，一旦失业，便丧失了劳动的权力，劳动权力便不再平等。

我国所有的经济学文献在提出应该建立劳动力商品市场时，都是从提高资源配置效率、调动劳动者积极性角度出发的，没有哪个理论是从公有制的本质要求出发，得出劳动力应该是商品的结论的。而市场经济本质上是市场机制配置资源，劳动力资源也要通过市场机制去配置，所以劳动力就必须是商品，一旦劳动力是商品，就可能出现失业，就会出现劳动权力的不平等。于是，公有制和市场经济的本质要求上就出现另一矛盾：主张劳动权力平等与承认存在劳动权力的不平等性、反对劳动商品化和失业与承认劳动力是商品、存在失业现象之间的矛盾。

缓和公有制与市场经济矛盾的出路

面对上述两对矛盾，公有制和市场经济到底能否兼容？关键取决于矛盾能不能根除或得到缓解。既然上述两对矛盾源于公有制或市场经济的本质要求的冲突，而只要公有制与市场经济同时存在，这两种矛盾就不可避免。但是，上述矛盾并非不可调和，完全能够缓解。如果矛盾缓解了，社会主义公有制与市场经济就可以同时存在，社会主义市场经济就能够不断发展。

缓解第一对矛盾

其一，应该遵循市场经济的要求，承认在市场优胜劣汰的竞争过程中会出现财产权利的不平等性，与此同时，政府必须肩负起调节收入分配的职能，通过调节收入分配缩小财产权利的不平等性，更好地实现共同富裕。其二，应该承认财产收入，并依法保护财产收入。但公有财产也是财产，公有财产也要获得财产收入，公有财产的收入也要受到法律保护，公有财产的收入不应归少数人垄断占有，而应归劳动者共同所有。

为了保障公有财产所有权收入归劳动者共同所有，就要完善国有资本经营预算体系。在国有企业公司化改革后，尊重企业作为法人的地位，法人作为企业利润分配的主体，决定利润的分配，利润一部分可用于再投资，另一部分则给所有者分红。再投资形成的资本也是国有资本，分红的收入成为国有资本经营预算收入。国有资本经营预算收入既可以拿出一部分用于投资，建立新的国有企业，或向其他企业注资，另一部分则应该分配给公有资本所有者，即给社会劳动者分红。这样，就能够保证公有财产投资所带来的收入归公有，而不归少数人垄断占有，而劳动者作为国有资本所有者的权力也能够在经济上得到实现。

目前，我国国有资本经营预算制度还不完善，自2007年着手建立国有资本经营预算制度以来，国有资本收益还只是部分纳入预算，金融类国企资本收益没有纳入预算，国有资本经营预算支出只用于投资，国有资本经营预算透明度低、随机性大。应在《中华人民共和国企业国有资产法》基础上，尽快出台《国有资本经营预算法》专项法律，依法编制国有资本经营预算，强化国有资本经营预算的信息披露和监督；将包括国有商业银行等金融类国企在内的商业性国企的资本收益全额纳入预算；国有资本经营预算支出不仅用于投资，还要有部分用于消费，这与私人资本获得的利润一部分用于投资、另一部分用于消费相类似，国有资本经营预算用于消费的部分可以考虑给全民分红，使国有企业作为全民所有制性质企业在经济上得到实现，体现出社会主义公有制与资本主义私有制的根本区别。

缓解第二对矛盾

同样应该按照市场经济的要求，建立劳动力商品市场，由市场机制配置劳动力资源，但因此会出现失业和劳动权利的不平等，这就要求政府承担起两个义不容辞的责任：一是创造更多的就业机会，降低失业率，从而使失业和劳动权利的不平等性降低到最低的限度；二是完善社会保障制度，使失业者获得基本的生活资料来源。只有这样，社会主义市场经济才能够在相对稳定的社会环境中不断发展。

我国一直谋求降低失业率、完善社会保障制度，但目前失业率仍然偏高，特别是在需求收缩、供给冲击、预期转弱的三重压力下，失业率上升，目前全国城镇调查失业率达5.5%，社会保障制度尚不完善，社会保障水平不高。我国在落实"六稳""六保"工作中，应抓住稳就业的牛鼻子，以稳就业统领"六稳""六保"，压实地方政府开拓就业门路、增加就业机会的责任，并把降低失业率作为政府经济工作长期的核心目标，围绕降低失业率统筹经济政策措施。在完善社会保障制度中，充分发挥社会保障制度的再分配和缩小贫富差距的功能，制定社会保障全覆盖行动方案，根据经济和财力动态提高社会保障水平，优先提高失业救济金发放标准。

《经济导刊》2023年第4期

建设全国统一大市场的重大意义及重点方向

王大树

40多年来，我国改革取得了巨大成就，社会主义市场经济体制不断完善，市场逐渐发育，形成了规模庞大的国内市场。但不容回避的是，我国市场虽然规模巨大，但大而不强和发展不平衡的特征影响了市场功能的充分发挥。目前，我国市场的主要问题表现在两方面：一是市场分割与壁垒的存在，二是要素市场发育不成熟。《中共中央 国务院关于加快建设全国统一大市场的意见》（以下简称《意见》）从战略高度明确了建设全国统一大市场的总体要求、主要目标和重点任务，这既是我国市场由大到强转变的主动选择，也是我国经济高质量发展的内在要求。

全国统一大市场应符合高效规范、公平竞争、充分开放的基本要求，具备功能强大、机制灵活、体系完整、环境优化的重要特性

当前，中国正在从最大的世界工厂向最大的消费市场发展。14亿人就是14亿消费者，我国拥有稳居世界前列、最有潜力的消费市场。但市场分割和要素市场发育不足的问题限制了我国市场机制和功能的充分发

作者系北京大学经济学院教授。

挥。同高质量发展相适应的市场应该是又大又强的全国统一市场,具体来讲,要兼具如下几个特征。

一是高效规范,高效率是市场的出发点和落脚点,规范性是发挥市场在资源配置中的决定性作用的前提。市场功能强大的一大特征就是高效率,缺乏效率的市场将增加市场主体竞争过程中的摩擦成本。因此,破除妨碍商品、服务和生产要素市场化配置的体制机制障碍,降低制度性交易成本和流通成本,释放市场规模效应和集聚效应,能够提升市场主体活力,通过提高效率来推动生产可能性边界的持续扩张。与此同时,市场规模拓展能发挥超大规模市场具有丰富应用场景和放大创新收益的优势,通过市场需求引导资源优化配置。

经济运转需要有良好的市场基础制度和规则,规范性是发挥市场在资源配置中的决定性作用的前提。高质量市场要以规范为要求,打造全国统一的资源和要素市场,推进商品和服务市场高水平统一,通过法律、经济、行政等手段建立市场运行的规则,确保市场价格信号、市场主体行为、市场运行秩序等纳入规范化、法治化轨道,做到有法可依、有章可循,公开交易,公平竞争。

二是公平竞争,这是市场提升效率的动力源泉。在市场竞争中只有公平才能激发市场主体的活力,推动市场规模持续扩大,拓展经济发展空间。要加快清理妨碍公平竞争的规定和做法,克服破坏公平竞争的不利因素,规范不当市场竞争和市场干预行为,通过竞争形成合理的商品和要素价格信号。公平竞争是市场经济的核心和灵魂,为此,全国统一大市场应强化反垄断法律规则体系,修改完善反垄断法、反不正当竞争法,实行竞争中性的原则,打造各类市场主体公平竞争的营商环境。

三是内部、对外充分开放,推动要素资源充分流动。建立全国统一大市场不是强化控制、封闭僵化，而是要做到内外开放政策联动，更好地推动要素资源充分流动，促进国内市场与国际市场的深度合作，增强产业链供应链稳定，为国内经济乃至全球经济培育增长动能。

全国统一大市场不是"自我封闭"的国内市场，眼光不能局限于国内，而要利用好两个市场、两种资源，从市场规则、基础设施等方面加强与全球市场互联互通。从长远来看，做大做强国内统一市场是为了利用超大规模市场来积聚资源，以庞大的内需市场引领和推动外循环，增强应对复杂国际竞争和抵御外部风险的能力，打造国际竞争合作的新优势。要推动商品和要素跨部门、跨行业、跨地区流动，在全国范围形成统一市场体系；同时，在国内充分开放的基础上，实现国内与国际市场有效对接，推动重点领域主要消费品质量标准与国际接轨，深化质量认证国际合作互认，推进内外贸产品同线同标同质，提高中国品牌在国际上的认知度和影响力。更重要的是，知识产权制度会增强对创新的激励，通过全国统一大市场引导创新资源和创新要素有序流动与合理配置，完善自主创新成果市场化应用的体制机制，有利于以国内大市场为"内核"强力吸引海外高端要素资源向我国汇聚，塑造参与国际竞争合作的新优势。

高效规范、公平竞争、充分开放是《意见》对国内统一大市场的基本要求，除了这三点以外，全国统一大市场还要具有以下几个特点：第一，功能强大：市场不仅具有高效率的价格信号传递功能，还要有引导资源有效配置的指引功能，以及有利于社会稳定发展的要素由市场评价贡献、按贡献决定报酬的分配功能。第二，机制灵活：市场价格机制和供求机制可以实现双向调节，价格机制作为"看不见的手"能准确地反映和及时地调节供求关系，而供求关系也可以反过来反映和灵活地调节价格关系。第三，体系完整：市场的门类齐全，结构合理。不仅要有规模巨大的商品市场，而且还要有发育良好的要素市场，由此实现资源、商品和要素的优化配置。第四，环境优化：能够最大限度地为企业降低各种制度性和非制度性交易成本和摩擦成本，提高市场主体在国内市场和国际市场的竞争力。

贯彻新发展理念需要建设协同创新的全国统一大市场

从引进吸收转向自主创新是创新驱动的必由之路。面对新一轮科技革命，必须把创新和发展的主动权掌握在自己手中，激发市场主体的创新活力，通过市场需求引导创新要素和资源有序向创新领域流动和集聚，增加创新供给。这样做可以将集中力量办大事的制度优势和市场机制有机结合起来，避免技术创新的重复投入，提升基础研究、核心技术、原始创新、协同创新的能力，实现优势科技资源的有效整合；有利于优化创新生态环境，发挥企业创新的主体作用，形成科技、教育、产业、金融相融合的创新体系；另外，超大规模市场还具有丰富应用场景和放大创新收益的优势，提高创新者的投资回报率，打通创新链条，拓宽自主创新应用场景，反哺技术创新的前期投入，完善促进自主创新成果市场化应用的体制机制，形成从创新到应用的良性循环，实现发展动力变革。

我国疆域辽阔，各地有各自的禀赋优势和特色产业。全国统一大市场不是要抹杀各个地区的区域优势，而是要求各个地区利用禀赋优势和特色产业来发展经济，通过全国统一大市场来互通有无，分工协作，实现区域一体化协调发展。

行业垄断、所有制歧视、市场准入限制等问题对共享发展机会和发展成果都有不利影响。建设全国统一大市场，完善统一的产权保护制度、实行统一的市场准入制度、维护统一的公平竞争制度、健全统一的社会信用制度，在顶层设计上强化了市场基础制度规则的统一。推进市场监管公平统一、反对垄断和不正当竞争行为、破除地方保护主义和行业进入壁垒，构建规范透明的营商环境，可以充分发挥超大规模市场的发展潜力，形成优胜劣汰的激励机制，为进一步激发要素活力，鼓励创业创新，在高质量发展中为实现共同富裕提供内生动力。

全国统一大市场包括生态环境市场，要求从全国一盘棋的角度布局生态环境保护资源和政策，实行统一的行业标准、监管机制、治理体系，以市场化的手段推动生态环境要素和资源在不同区域、行业、企业之间流动和有效配置，加强污染治理和生态保护修复，强化大气多污染物协同控制和协同治理，加大重要河湖、海湾污染整治力度，推进土壤污染防治，在经济发展的同时打好蓝天、碧水、净土保卫战。

构建新发展格局需要建设循环畅通的全国统一大市场

建设全国统一大市场是构建新发展格局的内在要求。我国城乡之间、区域之间、行业之间的市场发展水平差异较大，关系劳动力流动的户籍制度有待于进一步改革，制约资本流动的金融市场体系亟待深化改革，与数据等新要素相适应的制度规则亟待构建，生产、分配、流通、消费各环节堵点淤点亟待破除，这些市场分割问题与高质量发展要求不相适应，对"双循环"形成制约。

以国内大循环为主体，实际上就是以全国统一大市场为主体。要想循环起来，市场必须畅通。新发展格局关键在于经济循环的畅通无阻，各种生产要素的组合在生产、分配、流通、消费各环节有机衔接，构建强大而有韧性的国民经济循环体系。全国统一大市场是国内循环的基础。要把扩大内需战略同深化供给侧结构性改革结合起来畅通内循环，用好用足超大规模的国内市场优势，让需求更好地引领和优化供给，让供给更好地服务于扩大需求，发挥消费对经济循环的牵引带动作用，以统一大市场集聚资源、推动增长、激励创新、优化分工、促进竞争。以国内大循环为主体要求打通生产、分配、流通、消费等各环节的堵点，所以，各地要有大局观念和统一大市场意识，改变对本地商品、要素和企业流动的不合理干预，支持全国大市场在畅通经济循环中配置资源的作用。

统一国内大市场不是关起国门来运行，不是一个封闭的市场，以国内大循环为主体与对外开放并不矛盾，而是相互促进的。内需体系越完整，形成供需互促、产销并进、畅通高效、消费升级的国内大循环，越能打造对全球资源和要素的引力场，越能在更高层次上融入全球供应链产业链，扩大对国际优质商品和服务的市场开放，丰富消费者可选择的产品和服务范围，推动主要消费品质量标准与国际接轨，深化质量认证国际合作互认，有助于提高国内产品质量标准，提升消费者获得感和满意度。全国统一大市场上的内循环能充分发挥内部优势和潜力，既有利于我国更好地吸引全球资源要素，也有利于提升我国参与国际合作和竞争的优势，从而对扩大外需起到支撑作用；扩大开放，积极参与国际大循环，也能为畅通内循环和释放内部发展潜力提供更好的条件。

推动高质量发展需要建设体系健全的全国统一大市场

市场不仅是连接供给和需求的桥梁，而且与创新能力、产业集聚、企业生产经营、对外开放息息相关。市场体系健全与否决定着资源配置效率高低，也关系到发展质量优劣。推动高质量发展，实现经济转型升级，亟须发挥市场配置资源的功能，清除妨碍生产要素自由流动的体制机制障碍，实现要素价格市场决定、流动自主有序、配置高效公平，按照高质量的发展要求来建设全国统一大市场，从而全面提高我国市场的质量。

现代市场体系推动经济发展质量变革优化。在经济由高速增长转向高质量发展的阶段，高质量发展的目的是提高经济运行效率，要求资源对接的精准和配置方式的优化。必须高度重视市场对高质量发展的引导作用，推动市场由大到强的根本性转变，以高质量市场牵引高质量发展。市场竞争根本在于效率竞争。现代市场体系优胜劣汰的内在机制激励企业技术进步，进而推进国民经济的技术效率变革；市场自由流动的机制引导资源和生产要素向优质产品、企业和产业汇聚，进而推动配置效率变革；市场"看不见的手"与政府"看得见的手"的有机组合形成强大的制度优势，推动整个经济的制度效率变革。这三种效率变革都会提高经济效率。创新是高质量发展的动能，现代市场体系推动经济发展动力变革。在市场经济条件下，消费者选择机会会引领企业技术和产品创新的方向，形成创新的需求导向；资源配置机制会推动创新要素在全国乃至全球范围内流动，向创新领先者和创新高地集聚，提升创新的效益；收入分配机制会激发创新者活力，使创新源泉得以充分涌流；共建共享机制会促进产学研用协同创新，形成创新的强大合力，推动高质量发展。

高质量发展是"十四五"乃至更长时期我国经济社会发展的主题，是对各方面工作的总体要求，也是市场建设的前进方向。经济高质量发展要求市场也要高质量发展。国际经验表明，当一国人均GDP达到8000

美元左右时，消费者开始从追求数量消费转向追求品质消费，消费加快升级。2018年中国消费者协会发布的《品质消费与消费者认知调查报告》显示，有51.7%的受访者认为消费过程中最关注的是质量，这提示我们应把供给体系质量作为主攻方向，增强供给体系对需求的适配性。在买方市场条件下，需求向高层次升级将引领产业迈向中高端，促进国民经济质量提升；让高质量的商品和服务在市场竞争中脱颖而出，以更优质的供给为市场主体提供更好更多的选择，实现发展质量变革；消费者自主消费和"用脚投票"选择机制，促使企业推进产品和服务质量变革，争创名优品牌，以完成决定企业命运的"惊险一跃"。要把高质量发展落实到经济社会发展的各领域和全过程，推动国民经济实现质的稳步提升和量的合理增长。市场是国民经济赖以运行的基础，如果市场建设质量不高、基础不牢，高质量发展就如同在沙滩上建筑的高楼大厦。要推动我国市场由大到强的根本性转变，加快从市场大国向市场强国迈进的步伐。

建设全国统一大市场，更好发挥市场在资源配置中的决定性作用，以"有为政府"助推形成"有效市场"

发挥市场在资源配置中的决定性作用。建设全国统一大市场是完善社会主义市场经济体制的重要内容，可以充分发挥市场促进竞争、深化分工的优势，让市场在资源配置中起决定性作用。

从需求侧来看，市场机制直接体现在交换环节，而交换的前提是社会分工。市场容量越大，消费者人数越多，需求越丰富，分工越细致，市场机制就越有效。经济学理论认为，生产要素只有大规模集聚才能产生效率。因为市场的规模决定着产业分工的深度，分工越细越深入意味着产业链的专业化程度越高，越有利于技术进步，生产效率也就越高。市场发展到了足够大的规模以后，一些小众的产品和服务才能盈利。比如，在一个只有几百人的小村子开餐馆，大概盈利很少；在一个上千人的小镇开当地口味的饭馆，就有多盈利的可能；在几十万人、几百万人的城市里，就可以开很多家饭馆，甚至多种菜系的大饭店，而且有利可图。

从供给侧来看，以前认为中国制造业的核心竞争力在于劳动力成本，但劳动力成本在总成本中只占10%左右，只影响总成本几个百分点；而生产一旦达到足够大的批量规模，就能大幅地分摊在研发、投资、物流、市场开发、原材料采购等方面的成本，劳动力成本也会被摊薄。从这个意义上讲，规模经济可以影响整个制造业成本的30%—40%。某种产品只要中国能够生产，马上就能大幅度降低价格，这正是中国超大规模市场的竞争优势所在。

改革开放40多年来，从利用市场调节的辅助作用，到发挥市场引导企业的基础作用；从赋予市场资源配置的基础性作用，到发挥市场在资源配置中的决定性作用，市场在深化改革过程中的作用越来越重要。目前，市场还存在一定程度的地方保护主义现象，要素跨区域自由流动还有不少障碍，由此客观上制约了我国市场潜力的充分释放。这种问题的成因是市场体系基础制度还不够健全，部分地方行政性垄断缺乏制约。

全国统一大市场是市场在资源配置中起决定性作用的市场。市场机制的核心是价格机制。作为供给和需求见面的场所，市场作用的发挥依赖于商品和要素在循环过程中、在市场和经济主体之间自由流动，通过竞争形成的价格信号调节市场主体的经济行为，实现资源的有效配置，从而做到人尽其才，货畅其流，物尽其用。

市场在资源配置中的决定性作用是通过协调机制来实现的，市场通过价格、供求和竞争来协调市场参与者的经济关系。由于城乡和地区市场差异的存在，分布于城乡和不同地区的市场主体，常常会因为规则不统一，在市场信息的发现和传递上受到干扰，信号失真导致市场协调作用在一定程度上被扰乱。基于此，统一大市场推动市场规则在全国范围内一致化，让市场参与者基于统一的规则来行动，从而降低交易成本，使市场的协调作用得到充分的发挥。只有在全国统一大市场的基础上，资源要素才能在更大范围和更深层次上被配置到效率更高、效益更大的部门、地区和市场主体，进而提升经济运行的整体效率。特别是当前我国经济发展面临需求收缩、供给冲击、预期转弱三重压力的情况下，加快建设全国统一大市场，有助于稳定发展预期，营造稳定公平透明可预期的营商环境，有助于集聚资源、推动增长、激励创新、优化分工、促进竞争，推动高质量发展。

有效市场离不开有为政府，无论是建设还是管理全国统一大市场都需要政府积极有为，政府和市场的有效互动是任何健康经济体制的必备条件。政府能够弥补市场失灵，但也存在越位、缺位的风险。我国建立了社会主义市场经济体制，但行业垄断、所有制歧视、市场准入限制的问题仍然存在，一定程度上损害了公平竞争的市场环境。建设全国统一大市场就是以"政府有为"助推形成"市场有效"，政府到位而不越位，有作为而不乱作为。

建设全国统一大市场从思想上必须处理好"立"与"破"、顶层设计与基层探索的关系

《意见》明确了建设全国统一大市场的基本路径，提出以"五统一""一规范"为核心的一整套制度设计,即以统一制度规则为基础、以高标准市场设施联通为支撑、以统一要素和资源市场为重点、以高水平统一商品和服务市场为目标、以公平统一市场监管为保障的改革逻辑;与此同时,《意见》还强调进一步规范不当市场竞争和市场干预行为。建设全国统一大市场还需要在思想上处理好以下两组关系:

一是"立"和"破"的关系。建设全国统一大市场要坚持问题导向,"立""破"并举。从立的角度,"立"什么?立规矩,建规立制,《意见》提出要抓好"五统一""一规范",关键是怎么立?其实,"五统一""一规范"的核心意图之一是要破除妨碍市场高效运行的体制机制障碍,形成全国大体一致的市场环境,由市场主体根据竞争性价格信号进行分散决策,同时便于政府进行宏观管理,推动超大规模市场由大到强的转变。这样看来,应该有破有立,首先是破除妨碍经济循环的地方保护主义和区域壁垒,从"破"的角度要有四个清理:及时清理废除各地区含有地方保护、市场分割、指定交易等妨碍统一市场和公平竞争的政策;全面清理歧视外资企业和外地企业、实行地方保护的各类优惠政策;清理废除妨碍依法平等准入和退出的规定做法;持续清理招标采购领域违反统一市场建设的规定和做法。但是,光"破"还不够,同时还要建立"五统一""一规范"的全国统一大市场,破字当头,立在其中。

二是顶层设计与基层探索的关系。一方面,建设全国统一大市场必须站在全国一盘棋的全局角度来谋划,做好顶层设计,破除地区之间的利益樊篱和政策壁垒,坚持平等准入、公正监管、开放有序、诚信守法,健全有利于全国统一大市场建设的各种体制机制。对此,《意见》提出,探索研究全国统一大市场建设标准指南,动态发布不当干预统一大市场问题清单,建立健全促进全国统一大市场的部门协调机制,等等。各地要摒弃各自为政、"画地为牢"的做法，防止以"内循环"名义搞地区封锁。另一方面，也要鼓励地方创新。全国大市场的统一，并非整齐划一，而是在维护全国统一的前提下，结合区域重大战略和区域协调发展战略的实施，优先开展区域市场一体化建设，因地制宜，合理分工，发挥好各地的比较优势。在市场化程度较高的区域先行一步，率先推进区域市场一体化。可以结合区域重大战略、区域协调发展战略，鼓励长三角、粤港澳大湾区以及京津冀等区域通过建立健全区域合作机制，加快区域市场一体化步伐，形成典型示范，及时总结经验并向其他地区复制推广，进而引领全国统一大市场建设。

《人民论坛》2022年第19期

四 扩大高水平对外开放

人民日报·评论员观察 / 孟繁哲

以高水平对外开放拓展中国式现代化发展空间 / 任鸿斌

以高水平开放获得发展与改革的新动能 / 江小涓

> 要加快培育外贸新动能，巩固外贸外资基本盘，拓展中间品贸易、服务贸易、数字贸易、跨境电商出口。放宽电信、医疗等服务业市场准入，对标国际高标准经贸规则，认真解决数据跨境流动、平等参与政府采购等问题，持续建设市场化、法治化、国际化一流营商环境，打造"投资中国"品牌。切实打通外籍人员来华经商、学习、旅游的堵点。抓好支持高质量共建"一带一路"八项行动的落实落地，统筹推进重大标志性工程和"小而美"民生项目。

人民日报·评论员观察

扩大高水平对外开放
——扎实做好2024年经济工作

孟繁哲

进一步扩大高水平对外开放，就要顺应新趋势，推动对外开放由商品和要素流动型开放向规则、规制、管理、标准等制度型开放转变

中哈霍尔果斯国际边境合作中心横跨中国和哈萨克斯坦两国边境，在总面积5.6平方公里的区域内，商贾云集，商品琳琅，中哈两国公民和第三国公民可实现30天免签跨境出入，从中心进入中方境内每人每日一次可携带8000元人民币的免税商品。热闹的贸易景象为推进高水平对外开放增添了又一生动注脚。

习近平总书记深刻指出："对外开放是我国的基本国策，任何时候都不能动摇。"2023年底举行的中央经济工作会议系统部署做好2024年经济工作的重点任务，其中重要一项就是"扩大高水平对外开放"。开放是当代中国的鲜明标识。当前我国经济已深度融入世界经济，巩固和增强经济回升向好态势，必须加快培育外贸新动能，巩固外贸外资基本盘，进一步推动外贸发展促稳提质，更大力度吸引和利用外资，不断以高质量发展为世界提供新动力、新机遇，为构建开放型世界经济注入强劲

动能。

过去40多年中国经济发展是在开放条件下取得的，未来中国经济实现高质量发展也必须在更加开放条件下进行。2023年11月举行的第六届中国国际进口博览会，短短6天里按年计意向成交金额达到784.1亿美元，创历届新高。更高水平对外开放，既能更好满足国内消费升级需求，也有利于增强中国在世界经济舞台的话语权。以高水平对外开放为高质量发展塑造新动能新优势，将推动我国发展的巨大潜力和强大动能充分释放出来。有效统筹国内国际两个大局，充分利用两个市场两种资源，坚持实施更大范围、更宽领域、更深层次对外开放，就能以高水平对外开放推动高质量发展。

进一步扩大高水平对外开放，就要顺应新趋势，推动对外开放由商品和要素流动型开放向规则、规制、管理、标准等制度型开放转变。去年以来，全球贸易投资复苏乏力，主要市场需求低迷。面对压力挑战，推出9项政策措施促进跨境贸易和投融资便利化，服务业扩大开放综合试点增加到11个，发布稳外资24条政策措施，宣布支持高质量共建"一带一路"的八项行动……一系列稳外贸、稳外资政策集中发力、应变克难。2023年11月，我国出口额结束了6个月下降态势，进口贸易量连续10个月保持正增长，实际使用外资规模处于历史高位，中国已成为最佳投资目的地的代名词、仍是全球增长最大引擎。新形势下，我们要以推进合作共赢的开放体系建设为抓手，积极优化营商环境，创造更多投资机遇、增长机遇。

中国发展离不开世界，世界发展也需要中国。展望未来，保持战略定力，坚定必胜信心，不断拓展对外开放的广度和深度，协同推进扩大内需、供给侧结构性改革和高水平对外开放，持续建设市场化、法治化、国际化一流营商环境，我们就一定能以对外开放的主动赢得经济发展的主动，不断以中国新发展为世界提供新机遇，在实现自身发展的同时，为全球发展作出更大贡献。

《人民日报》2024年01月05日

以高水平对外开放拓展中国式现代化发展空间

任鸿斌

党的二十大擘画了以中国式现代化全面推进中华民族伟大复兴的宏伟蓝图。习近平总书记在学习贯彻党的二十大精神研讨班开班式上强调，"要不断扩大高水平对外开放，深度参与全球产业分工和合作，用好国内国际两种资源，拓展中国式现代化的发展空间"。中国国际贸易促进委员会（以下简称"中国贸促会"）担负着促进对外贸易、双向投资和经济技术合作等重要职责。2022年5月18日，在庆祝中国贸促会建会70周年大会暨全球贸易投资促进峰会上，习近平总书记发表视频致辞，希望中国贸促会"织密服务企业网，扩大国际朋友圈，在推动高质量发展、构建新发展格局、推动建设开放型世界经济中再接再厉，争取更大成绩"。新时代新征程上，中国贸促会要全面贯彻落实党的二十大精神，牢记习近平总书记殷切嘱托，扎实推动高水平对外开放，努力为全面推进中国式现代化作出新的贡献。

一、着眼全局大局，深刻把握新时代十年我国对外开放伟大成就

党的十八大以来，我国实行更加积极主动的开放战略，形成更大范

作者系中国国际贸易促进委员会党组书记、会长。

围、更宽领域、更深层次对外开放格局,开放型经济发展取得历史性成就。中国贸促会坚持立足中国、面向世界,在拉紧中外企业利益纽带、推动国际经贸往来、促进国家关系的发展中发挥了重要作用,是中国不断扩大对外开放的重要体现。

外贸外资稳中提质取得新成就。外贸外资是我国经济增长的重要引擎,在"三驾马车"中具有重要分量。稳住外贸外资基本盘,对稳住我国对外开放根基和开放大国地位至关重要。我国已经成为140多个国家和地区的主要贸易伙伴,货物贸易总额连续6年居全球第一,利用外资规模连续5年居全球第二,自贸试验区、海南自贸港、横琴粤澳深度合作区等从无到有、创新发展,全国和自贸试验区负面清单条数分别压减51%、72%。中国贸促会把服务中外企业作为立身之本,千方百计为企业牵线搭桥、纾困解难,累计在境内外办展参展3000场,积极参与筹办进博会、广交会、服贸会、消博会等重大展会,应对疫情影响通过"数字展""代参展"等创新形式帮助众多企业对接客户、争取订单。加强外资促进服务,在全国贸促系统组建服务外资企业工作专班,建立外资诉求自下而上"直通车",及时向有关部门反映并推动解决外资企业关切,推动一批外资项目落地,有效助力稳外贸稳外资。

高质量共建"一带一路"迈上新台阶。党的十八大以来,共建"一带一路"取得了实打实、沉甸甸的成就。我国与151个国家和32个国际组织签署200多份合作文件,与沿线国家货物贸易额年均增长8%、双向投资累计超过2700亿美元,产业链供应链合作水平持续提升,中欧班列开行数量屡创新高,一批批标志性项目落地实施,给当地百姓带来实实在在的获得感。中国贸促会坚持共商共建共享,与相关国家对口机构建立丝绸之路商务理事会等393个多双边工商合作机制,举办经贸活动

3000场,有效推动共建"一带一路"走深走实。丝绸之路国际博览会、中国—东北亚博览会、"一带一路"贸易投资论坛、全国上市公司共建"一带一路"国际合作论坛等重点活动品牌度不断提升。加强对未建交国家和新建交国家贸易投资促进工作,增进民意基础,深化利益融合,为我国与有关国家建立和发展关系积累有利条件。

织密织牢开放安全网实现新突破。 越开放越要重视安全,越要统筹好发展和安全。党的十八大以来,我国加快完善与开放相适应的安全保障体系,修改《中华人民共和国对外贸易法》,出台《中华人民共和国外商投资法》《不可靠实体清单规定》等法律法规,建设贸易摩擦预警与法律服务机制,防范对外投资合作风险,引导企业加强合规管理,强化海外利益保护,加强中国法域外适用的法律体系建设。中国贸促会在涉外法律业务方面积淀厚重,历史上设立国内第一家国际商事海事仲裁机构,首创涉外商标专利代理业务,出具的不可抗力证明受到国际工商界广泛认可,在推动完善涉外法律法规、涉外法治人才培养、国际商事法律合作等方面成效显著。近年来,中国贸促会10余次代表我国工商界参加美"301调查"等听证会并进行抗辩,应对国外对华经贸摩擦案件近百起,就中国法域外适用等积极建言献策,跨境贸易投资法律综合支援平台接受企业咨询超过30万次。指导所属中国国际商会牵头与50多个国家(地区)商协会、法律服务机构、智库等共同发起成立国际商事争端预防与解决组织,影响力日益扩大。

参与全球经济治理能力得到新提升。 我国主动承担国际责任,倡导践行真正的多边主义,做世界和平的建设者、全球发展的贡献者、国际秩序的维护者,国际影响力、感召力、塑造力显著提升。10年前,习近平总书记创造性地提出构建人类命运共同体理念,之后相继提出全球发展倡议、全球安全倡议、全球文明倡议。10年来，构建人类命运共同体从理念转化为行动、从愿景转变为现实，为促进全球发展注入了强劲动力。从亚太经合组织到二十国集团，从金砖国家到上合组织，我国接连举办一系列重大主场外交活动，推动多边合作日益深入。中国贸促会始终把代表我国工商界参与多边机制和国际组织工作作为职责所在，组织企业在二十国集团、亚太经合组织、金砖国家等机制工商界活动中深入参与议题讨论，提出一系列倡议并得到广泛认可。我国工商界实现从国际经贸规则制定的被动跟随者到积极参与者、重要贡献者的转变，在推动全球经济治理体系改革和世界经济复苏中发挥的作用不断提升。

二、胸怀"国之大者"，坚决扛起全面推进中国式现代化职责使命

当今世界百年未有之大变局加速演进，国际力量对比深刻调整，大国博弈日益激烈，地缘冲突加剧，经济全球化遭遇逆流，单边主义、保护主义上升，世界经济复苏步履维艰。我国发展进入战略机遇和风险挑战并存、不确定难预料因素增多的时期。时代越是向前，对外开放的重要性就越发突出，贸易投资促进机构的作用就越发凸显。中国贸促会要立足我国发展新的历史方位，找准党中央战略部署和自身实际的结合点、发力点，使贸促工作同广大中外企业期待相契合、同我国开放型经济发展水平相匹配、同全面推进中国式现代化相适应。

做好贸促工作，是推动高质量发展的应有之义。 实现高质量发展是中国式现代化的本质要求之一。以开放促改革、促发展，体现在以开放助力完善社会主义市场经济体制，充分发挥市场在资源配置中的决定性

作用,更好发挥政府作用,也体现在通过开放推动转方式、调结构、增效益。做好贸促工作,必须牢牢把握高质量发展这个首要任务,完整、准确、全面贯彻新发展理念,以效率变革、动力变革促进质量变革,加快建设具有中国特色、更加充满活力的世界一流贸易投资促进机构,不断开辟新领域、塑造新动能、制胜新赛道,使贸促工作在全面推进中国式现代化进程中的特色更鲜明、优势更彰显、成效更突出,走出一条质量更高、活力更足的发展新路。

做好贸促工作,是加快构建新发展格局的重要环节。构建以国内大循环为主体、国内国际双循环相互促进的新发展格局,是把握未来发展主动权的战略部署。中国贸促会联通政企、融通内外、畅通供需,是对外开放的重要窗口,是助力国内大循环、促进国内国际双循环的重要枢纽。做好贸促工作,必须更好发挥各类贸易投资促进平台对商品和要素流动的载体作用,以贸促工作提质增效打通国内大循环、国内国际双循环堵点,推动贸易和投资自由化便利化,促进内需和外需互促、进口和出口协调、货物和服务并重、贸易和投资融合,推动市场相通、产业相融、创新相促、规则相联,推动提升我国产业链供应链韧性和安全水平,增强国内国际两个市场两种资源联动效应。

做好贸促工作,是推动建设开放型世界经济的务实举措。当前,新一轮科技革命和产业变革深入发展,各国相互联系和彼此依存日益加深。我国始终以自身发展维护和促进世界和平,我国发展同世界发展相互交融、相互成就。高水平对外开放与世界合作共赢,体现在以更加开放的心态和举措,推动扩大世界开放合作共识,共同把全球市场蛋糕做大、把全球共享机制做实、把全球合作方式做活,既用好全球市场和资源发展自己,又推动世界共同发展。做好贸促工作,必须充分发挥民间外交

"润滑剂"和经贸合作"压舱石"作用，拉紧与世界各国利益纽带，助力各国企业抢抓市场机遇、投资机遇、增长机遇，为世界和平发展增加更多稳定性和正能量。

三、锚定目标任务，奋发有为推动高水平对外开放

我国已经迈上全面建设社会主义现代化国家新征程，比历史上任何时期都更接近、更有信心和能力实现中华民族伟大复兴的目标。我们要以实际行动扎实推进中国式现代化，为全面建设社会主义现代化国家、推动构建人类命运共同体作出更大贡献。

坚持促稳提质，推动加快建设贸易强国。党的二十大报告强调，"推动货物贸易优化升级，创新服务贸易发展机制，发展数字贸易，加快建设贸易强国"。强化贸易促进是推动外贸稳规模优结构、加快从贸易大国迈向贸易强国的必然要求。中国贸促会要以更大力度推动外贸稳规模优结构，精心组织出国（境）经贸展览，持续培育海外品牌展，扩大办展规模，支持各地方各行业举办国际化专业化展览会，优化重点展会供采对接，帮助企业聚焦优势产品和重点市场增加出口，扩大先进技术、重要设备、优质消费品等进口。聚焦维护全球产业链供应链韧性与稳定，筹办中国国际供应链促进博览会，打造上中下游融通、大中小企业链接、产学研用协同的高端平台。强化市场开拓服务保障，密切跟踪外贸企业新诉求并及时推动解决，优化原产地证书和暂准免税进口（ATA）单证册签证服务，加强对企业培训指导、帮扶纾困和风险排查等工作。

坚持提升服务，助力营造国际一流营商环境。党的二十大报告指出，"合理缩减外资准入负面清单，依法保护外商投资权益，营造市场化、法

治化、国际化一流营商环境"。当前，招商引资国际竞争更加激烈。中国贸促会要充分发挥联系外资紧、服务平台多、工作覆盖广的优势，拓展全国贸促系统服务外资企业工作专班功能，更大力度促进外资稳存量扩增量。加强与跨国公司和外国商协会常态化联系，组织开展"跨国公司地方行"等系列活动，引导外资企业正确理解我国政策举措、增强信心、稳定预期，推动更多优质外资项目落地。着眼于推动扩大制度型开放，健全营商环境监测体系功能，助力自贸试验区、海南自贸港制度创新和产业集聚。举办粤港澳大湾区发展工商大会，支持港澳工商界参与国家全面开放和现代化经济体系建设。完善商事法律公共服务体系，举办全球工商法治大会，加强商事认证、知识产权服务等工作，增强国际仲裁和商事调解公信力，努力把我国打造成为国际商事争议解决目的地。

坚持互利共赢，深化拓展对外经贸关系。党的二十大报告强调，"深度参与全球产业分工和合作，维护多元稳定的国际经济格局和经贸关系"。经贸关系的发展归根到底要依靠企业的生产经营合作。中国贸促会要继续发挥开放窗口和桥梁纽带作用，加强民间外交、经济外交工作，做实多双边工商合作机制，同各国工商界加强沟通联系，为中外经贸合作牵线搭桥，促进提升贸易投资合作质量和水平，更好推动双边、区域和多边合作。办好全球贸易投资促进峰会，深化与各国贸易投资促进机构、商协会组织等交流，不断开创合作共赢新局面。推动共建"一带一路"高质量发展，加强政策宣介，办好"一带一路"企业家大会等重点活动，促进健康、绿色、数字、创新等新领域合作。助力建设面向全球的高标准自贸区网络，高质量实施《区域全面经济伙伴关系协定》等自贸协定，完善公共服务平台，编发重点行业应用指南，面向企业举办系列论坛和培训活动，帮助企业用好用足自贸协定政策红利。

坚持胸怀天下，积极参与全球经济治理。 党的二十大报告指出，中国积极参与全球治理体系改革和建设，坚持真正的多边主义，推动全球治理朝着更加公正合理的方向发展。中国贸促会要顺应我国日益走近世界舞台中央新形势，树立世界眼光，提高战略思维，倡导平等、开放、合作、共享的全球经济治理观，广泛调动工商界力量，共同推动世贸组织、二十国集团、亚太经合组织等多边机制更好发挥作用，深入参与金砖国家、上合组织等机制合作，促进国际宏观经济政策协调。加强在国际展览局、国际商会等重要国际组织工作，深化与世界知识产权组织、联合国工业发展组织等机构战略合作，积极参与国际经贸规则和标准制定，培养和推荐更多人才到国际组织任职或工作，在数字经济、绿色低碳等领域加强分析研判并提出务实建议。充分发挥世博会中国馆在中外文明交流互鉴中的独特作用，高质量做好2025年日本大阪世博会参展工作，传播中华优秀传统文化和中国式现代化建设成就。打造全媒体传播格局，提升重大问题对外发声能力，讲好中国工商界故事，传播好中国声音。

《求是》2023年第10期

以高水平开放获得发展与改革的新动能

江小涓

现在逆全球化、保护主义这些大的环境是依旧的，但是确实在疫情之后，全球经济的复苏还是非常快速的，这为我们提供了一个更有利于发展的外部环境。我们在利用全球化机遇中将面临很多新的挑战，但越是有挑战，越是有困难，就越是要努力来利用好这些机遇。

我分享两个方面，**一是全球化的新特征**，我们如何推进高水平开放，利用好全球化中间的一些新的机遇。中国坚持高水平开放，因为它是全球化努力向前的重要推动力量。**二是经济全球化虽然有波折，但是继续在前行**，一些重要的指标在向好，比如全球贸易占全球GDP的比值在继续上升，大型跨国公司、跨国指数所代表的全球分工在继续深化。这中间最主要的推动力量是数字产业，其在全球化中是新的推动力。

一、全球化继续深化并有新特征，中国坚持开放是重要推动力量

中央近期多次强调高水平的开放。2022年中央经济工作会议提出：

作者系中国工业经济学会会长、国务院原副秘书长。

要更好统筹国内循环和国际循环，更大力度吸引外资，稳步扩大制度型开放，积极推动加入高标准经贸协定。2023年5月5日二十届中央财经委员会第一次会议提出，要坚持开放合作，不能闭门造车；加强产业链供应链开放合作。李强总理6月19日在柏林同德国工商界代表座谈时也强调，防风险和合作不是对立的，不合作才是最大的风险，不发展才是最大的不安全。对于中国经济来说，最大的风险就是经济出现问题。因此不能人为地夸大依赖，甚至把相互依存和不安全画上等号。

2023年8月13日国务院印发《关于进一步优化外商投资环境 加大吸引外商投资力度的意见》，要求营造市场化、法治化、国际化一流营商环境，充分发挥我国超大规模市场优势，更大力度、更加有效地吸引和利用外商投资。措施翔实，力度很大。2023年10月"一带一路"国际合作高峰论坛，习近平主席强调"支持建设开放型世界经济"，中国宣布全面取消制造业领域的外资准入限制，是发展中国家对外开放的全新突破。

2023年中央经济工作会议对扩大高水平对外开放作出一系列重要部署，包括加快培育外贸新动能，巩固外贸外资基本盘，拓展中间品贸易、服务贸易、数字贸易、跨境电商出口。放宽电信、医疗等服务业市场准入，对标国际高标准经贸规则，认真解决数据跨境流动、平等参与政府采购等问题，针对外资反映最强烈的问题作出了回应。2022年11月旧金山会议，中美两国元首对修复中美关系、促进全球更好的发展环境都做出了努力。习近平主席对双方共同创造自由开放的贸易投资环境提出了非常明确的要求。

经济全球化虽有波折，但仍然继续前行。贸易的特点是全球经济好的时候它更好，全球经济差的时候它更差。2020年，全球贸易增长率远低于 GDP 增长率；但 2021 年疫情结束后，贸易逐渐复苏，贸易增长率远高出 GDP 增长率。中美两国 2021 年、2022 年的贸易情况也表现出类似的趋势。

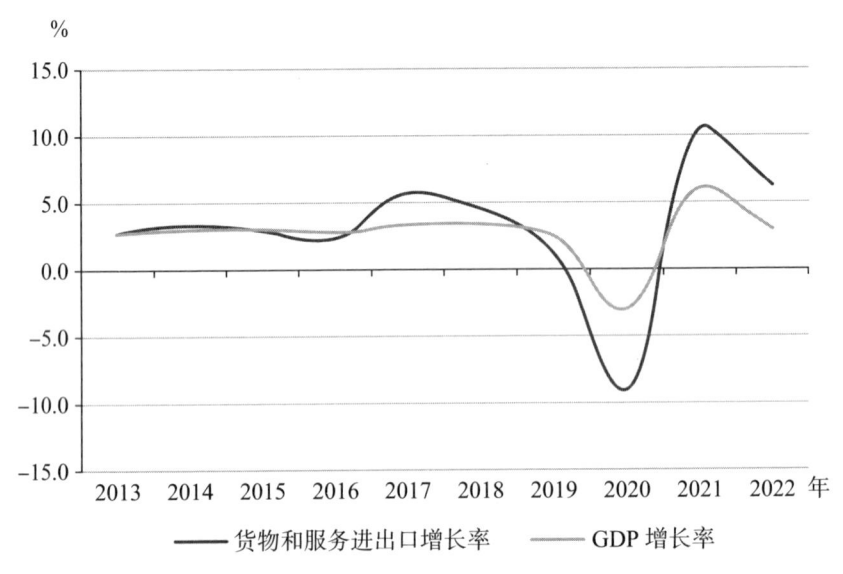

图 1　疫后时期全球贸易增长快于全球 GDP 增长

过去 40 多年，全球贸易占 GDP 比重持续上升，只在 2020 年下降到低点 50% 左右。疫情之后，贸易额占比迅速上升，目前已超过 60%。**因此在讨论逆全球化问题时，必须统筹考虑全球化继续发展和深化两个趋势。**

从全球分工看，根据《世界投资报告（2023 版）》计算的跨国指数，即全球 100 强跨国公司的海外资产比例、海外销售比例和海外雇员比例之和，2013—2019 年跨国指数基本稳定，2020 年迅速下降到 60.5%，疫情后又快速回升到 62% 左右。**进一步看分工深度**，即产品多次出入境指数，跨国公司的分工深度整体也在增加。因此，尽管很多案例显示跨国公司在撤回本土，**但从整体趋势上看，全球化分工仍在深化。**

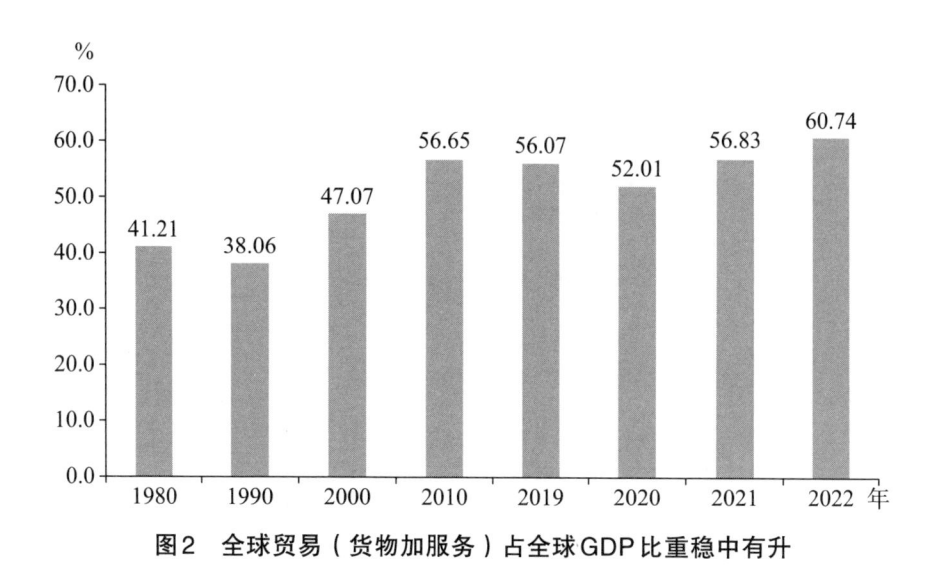

图2 全球贸易（货物加服务）占全球GDP比重稳中有升

表1 世界Top100跨国公司（非金融）跨国指数

	2013年	2017年	2018年	2019年	2020年	2021年	2022年
海外资产比例	64.5	67.8	66.8	65.5	63.1	63.6	62.7
海外销售比例	69.0	69.2	66.6	68.2	64.8	66.1	67.4
海外雇员比例	60.1	61.2	60.2	57.2	53.9	55.1	55.6
跨国指数	64.5	66.1	64.5	63.6	60.5	61.6	61.7

疫情期间甚至疫情之后，跨国人员旅行、货物贸易尚未完全恢复。**但数字产业是全球化前进中最重要的新特征**。2016—2021年，全球前100强数字跨国企业的海外资产、海外销售和企业净利润持续上升。2016—2021年，全球百强传统跨国企业的跨国指数增长率五年合计只有10%，但百强数字跨国公司增长了108%，电子商务、数字平台等产业增长尤为迅速。此外，数字生产者服务贸易在服务贸易中增长最快，已经成为服务贸易的主体部分。可见数字产业已经成为当前全球化最重要的新特征。

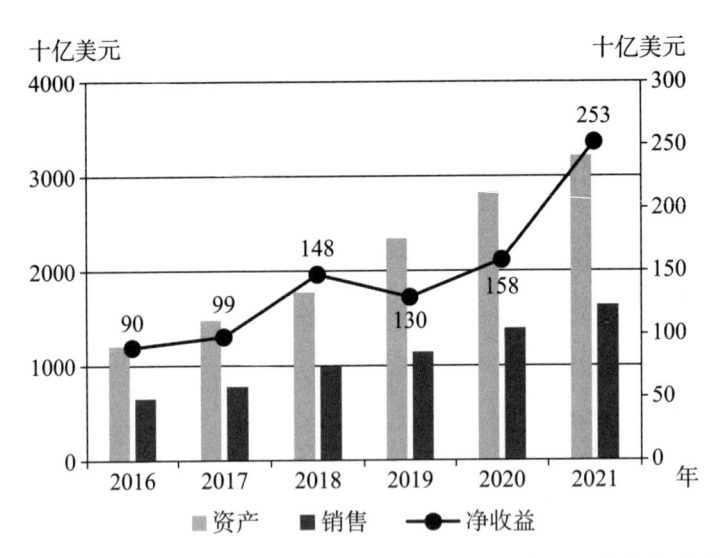

图3 2016—2021年全球前100强数字跨国企业资产、销售与净收益

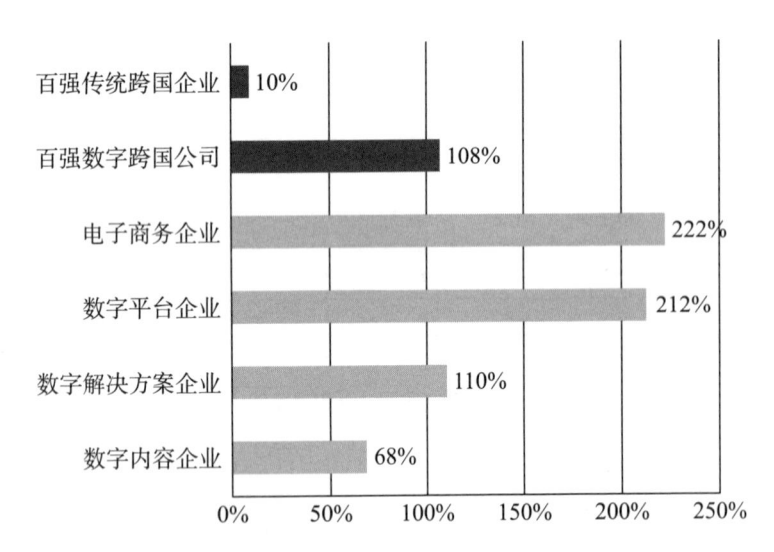

图4 2016—2021年全球Top100传统跨国企业与数字跨国企业销售年均增长率

因此总体上看，经济全球化虽有波折，但仍然继续前行。疫情之后，全球贸易占全球GDP的比值继续上升，大型跨国公司跨国指数所代表的全球分工继续深化。数字产业在全球化中蓬勃发展，大型数字企业全球化表现亮眼，数据驱动的服务贸易占比持续上升，成为全球化继续深化中的重要新特征。

二、要以高水平开放来获得新的动能

尽管我国国内市场庞大，产业体系健全，但并不代表没有分工的需求。**实际上，我国对全球资源的需求比以往更加强烈。**1990年我国GDP占全球比重只有1.58%，相较而言，淡水、土地、石油储量等资源比重并不低；但2020年我国GDP占全球比重已有18%，资源压力日益凸显。尽管我国不断改进资源使用，比如以煤、电等相对丰富的资源作为替代能源，但仍然需要引入外部资源。

另外，我国优势产业也需要国际市场。当前我国电动车、光伏、风电等产能在全球产能中占比很高。过去我们对这些产业出口进行补贴，主要是早期扶持产业成长，但现在这些产业已具备全球竞争力，不再需要补贴，并将成为未来我国新的经济增长点。这些产业也需要全球市场。

当前国际分工已进入水平分工阶段。20世纪八九十年代，我国和主要贸易伙伴国是垂直型产业分工，我国生产中低端的纺织、服装、鞋帽，进口高端的消费品、生产资料，与他国基本是合作甚至是相互加持的关系。但2012年后，越来越多的国内产品可以与跨国公司、外商母公司产品在同一水平竞争，中国与主要贸易伙伴国的水平型分工比重显著上升。比如全球手机出货量1.2亿部是定数，因此华为、苹果需要在本土、第三方市场上展开竞争。

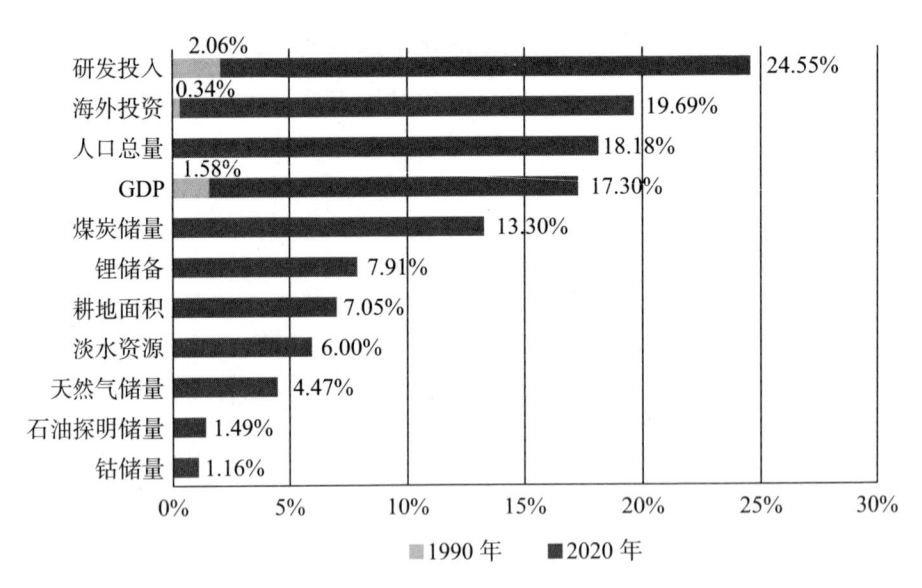

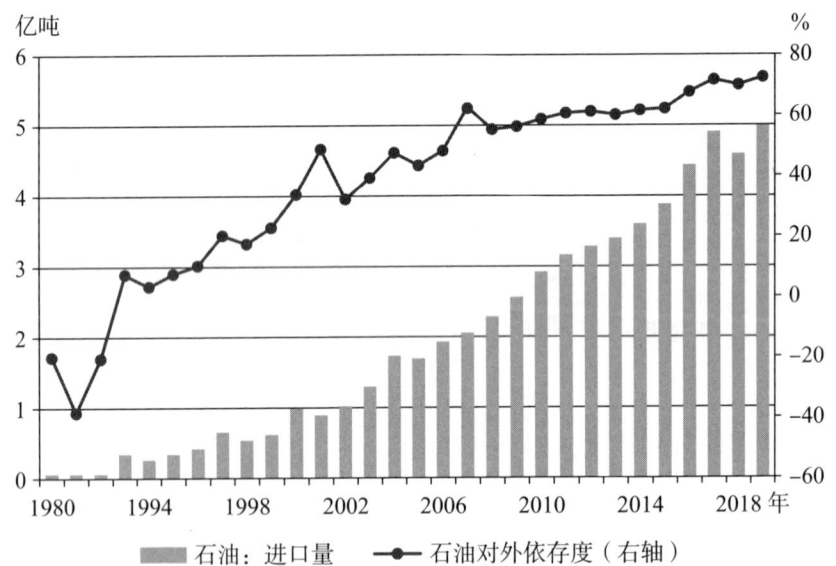

图5 资源能源环境生态压力大，需要外部资源

当与主要贸易伙伴国是竞争性合作关系时，跨国公司的两面性就不可避免。一方面，中国巨大的国内市场和产业链的竞争性，会吸引跨国公司进入中国；另一方面，当他国产品与中国产品在第三方市场竞争时，

跨国公司也难免会做小动作。**归根结底，当前时代，中国已基本结束与发达国家的相互加持式分工，而变成了相互竞争性分工，因此跨国公司的两面性是非常长期的。**

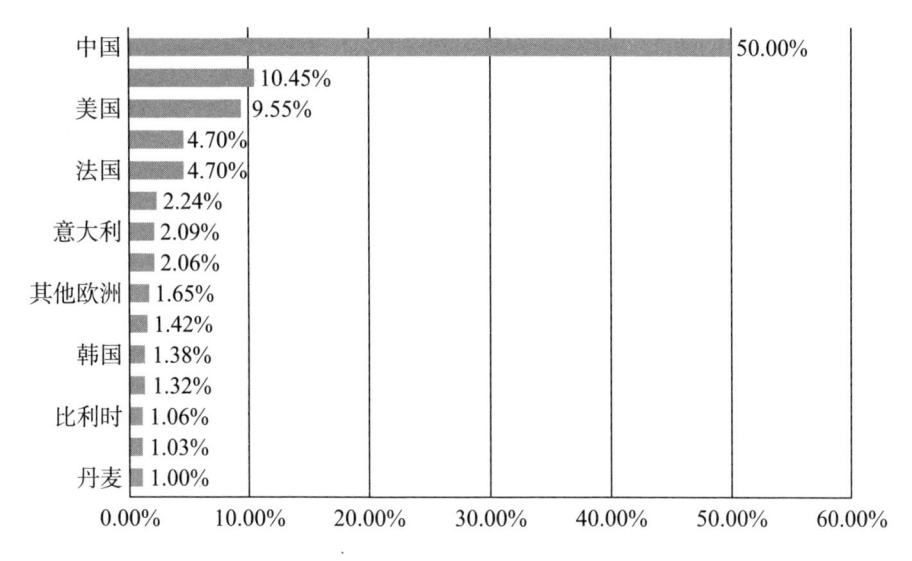

```
中国        ███████████████████████████████ 50.00%
            ████ 10.45%
美国        ███ 9.55%
            █ 4.70%
法国        █ 4.70%
            █ 2.24%
意大利      █ 2.09%
            █ 2.06%
其他欧洲    █ 1.65%
            █ 1.42%
韩国        █ 1.38%
            █ 1.32%
比利时      █ 1.06%
            █ 1.03%
丹麦        █ 1.00%
      0.00%  10.00%  20.00%  30.00%  40.00%  50.00%  60.00%
```

图6　在国内大市场中形成的产业优势，需要外部市场

我们要全面理解外贸外资的变化。 在中国目前的发展阶段，外资进出受多重因素影响。**首先是国内企业竞争力提升，** 许多跨国公司感受到在中国竞争不易，这个趋势早已有之，过去十多年，家用电器、通信设备、工程机械、LED面板、电子商务等多个领域，都有国外公司感受到本土企业的强大竞争力而主动退出的案例，最典型的就是亚马逊在中国竞争不过国内本土电商，退出中国市场。近些年国内企业竞争力进一步提升，因此外资有进有出是正常现象。其次是中国的人均收入和劳动力成本较前些年明显提高，随着印度、越南等国很多低成本优秀劳动力的出现，外资企业重新布局也十分自然。最后是受到当前国际环境复杂且不确定性强的影响，跨国企业为了"去风险"也会进行全球布局的调整。

更需要看到的是，**我国用缩小负面清单的方式不断开放中国市场，推动法制化、国际化、市场化建设**，不断优化营商环境，各地各部门接连推出政策"组合拳"加力稳外资，有助于稳定外资预期。越来越多的跨国公司与中国续写更长久的约定，更深度嵌入了中国产业链、创新链。因此不能将外资的进出解读为对中国失去信心，这只是发展阶段变化所带来的正常调整。

跨国公司在比较中依然感受到"在中国制造"的综合竞争优势。**跨国公司回流中国有两种情况。一是**发现中国企业在竞争力、品质保障、交货期等方面更有优势；**二是**因为海外去风险化的要求必须在海外布局生产线，但会尽可能把订单拿回中国制造。在意识形态要求下，跨国公司高管仍然回流中国寻求合作机会，体现出我国自身的竞争优势和全球化中的一些新变化。

图7 跨国公司在比较中依然感受到"在中国制造"的综合竞争优势

在"卡脖子"领域，我们要处理好集中攻关和自立自强的关系，处理好安全与发展的平衡关系。总体来看，当前我国产业竞争力非常强，很多产品可以自己制造。但"技术换技术"的分工模式将面临一个重要选择：在产品与技术完全能由国内完成的情况下，我们应该如何抉择？需要将全球技术分工改为"技术进口替代"吗？在当今科技全球化、产业全球化的格局下,"会做的全部自己做"并不是最优选项,这种全能产业结构得不到分工带来的规模经济、技术快速迭代、利用全球资源、分享全球市场等诸多利益。

当前国际环境下,**自主创新和技术分工要统筹考虑稳定、安全和效率**。当下我们也有特殊的不利方面。**一方面**,尖端技术往往属于寡头甚至垄断性质的技术市场,持有方拥有较强的控制力。这与以往我国引进的技术存在"竞争性市场"的状况不同。**另一方面**,我国还面临更多的非经济障碍,遭受不合理打压,技术引进难度加大。因此,要在一些关键"卡脖子"领域集中攻关。今后在技术分工和自主创新的平衡中,要向自主创新和安全的方向迈进一大步。

但两面性和平衡点永远都存在。根据最近的研究,我国进步最快的七大行业,就是过去30年利用外资最多的行业。**这说明更多利用国外技术,就能在更高起点上加快推进我国科技自立自强进程;反之,我国自主创新水平愈高,就愈能够在更高水平上推进国际科技合作**。因此,平衡好利用外资和自主创新的关系,是下一步对外开放非常重要的议题。高举科技全球合作的大旗,这既符合我国自身利益,也有利于实现全球合作共赢的重要理念。

中央明确要求继续以开放推动改革。2022年中央经济工作会议提出:要积极推动加入全面与进步跨太平洋伙伴关系协定和数字经济伙伴关系协定等高标准经贸协议,主动对照相关规则、规制、管理、标准,深化国内相关领域改革。2023年中央经济工作会议强调:对标国际高标准经贸规则,认真解决数据跨境流动、平等参与政府采购等问题。

高标准经贸协定涉及边境措施和边境后措施。例如零关税、服务业开放、服务贸易、电子商务及市场准入、知识产权保护、环境保护、劳工保护、政策透明度、规范补贴等，都要求国内市场体系向更符合国际相关规则的方向推进，其中大部分也是我们改革的重点方向。向这个方向努力，是增强国内外投资者信心、稳定预期和鼓励长期投资的重要保障，也是符合我国下一步发展的内在要求。

最后，中国坚持开放是推进全球化发展的重要力量，外部环境仍然是机遇与挑战并存，我们要以高水平开放抓住全球化的机遇，立足产业参与全球水平分工新态势，以开放获得发展与改革的新动能，促进国内高质量发展。

本文为江小涓在本中国财富管理50人论坛2023年会上的发言，转载自中国财富管理50人论坛公众号

五 持续有效防范化解重点领域风险

人民日报·评论员观察 / 周人杰

持之以恒防范化解重大金融风险 / 黄卫挺

构建房地产发展新模式　促进高质量可持续发展 / 刘洪玉

> 要统筹化解房地产、地方债务、中小金融机构等风险,严厉打击非法金融活动,坚决守住不发生系统性风险的底线。积极稳妥化解房地产风险,一视同仁满足不同所有制房地产企业的合理融资需求,促进房地产市场平稳健康发展。加快推进保障性住房建设、"平急两用"公共基础设施建设、城中村改造等"三大工程"。完善相关基础性制度,加快构建房地产发展新模式。统筹好地方债务风险化解和稳定发展,经济大省要真正挑起大梁,为稳定全国经济作出更大贡献。

人民日报·评论员观察

持续有效防范化解重点领域风险
——扎实做好2024年经济工作

周人杰

领会好、落实好中央经济工作会议精神，我们必须坚持系统观念，全面加强监管，统筹风险化解和稳定发展的关系

把防风险摆在突出位置，着力破解各种矛盾和问题，我们就能打好化险为夷、转危为机的战略主动战，实现高质量发展和高水平安全良性互动

在辽宁，集成电路、工业母机等"卡脖子"领域攻关正扎实推进；在广东，以科技创新引领现代化产业体系建设，纵深推进粤港澳大湾区建设；在浙江，深化"千万工程"，壮大村集体经济，"三农"发展在放大比较优势上找突破……当前，各地纷纷谋良策、出实招，统筹好地方债务风险化解和稳定发展，力争为稳定全国经济作出更大贡献。

没有安全和稳定，一切都无从谈起。习近平总书记指出，"前进的道路不可能一帆风顺，越是前景光明，越是要增强忧患意识，做到居安思危"。2023年我国经济运行总体呈现增速较高、就业平稳、物价较低、国际收支基本平衡的格局。也应看到，国内经济大循环存在堵点，风险隐

患仍然较多，要统筹化解房地产、地方债务、中小金融机构等风险，坚决守住不发生系统性风险的底线。中央经济工作会议部署做好2024年经济工作的九项重点任务，强调要"持续有效防范化解重点领域风险"。领会好、落实好中央经济工作会议精神，我们必须坚持系统观念，全面加强监管，统筹风险化解和稳定发展的关系。

安全是发展的前提，发展是安全的保障。看房地产，2023年11月以来，工、农、中、建、交等银行向非国有房企投放开发贷款超300亿元，满足不同所有制房地产企业的合理融资需求；看地方债，我国防范化解地方政府债务风险的制度体系已经建立，地方政府违法违规无序举债的蔓延扩张态势得到初步遏制，地方政府债务处置工作取得积极成效；看金融系统，高风险中小银行数量已经较峰值下降一半，中央金融管理部门对各自监管领域"分兵把守"，既管"有照违章"，更管"无照驾驶"。可以说，把防风险摆在突出位置，着力破解各种矛盾和问题，我们就能打好化险为夷、转危为机的战略主动战，实现高质量发展和高水平安全良性互动。

以高质量发展促进高水平安全，以高水平安全保障高质量发展，才能增强经济活力。发展是解决我国一切问题的基础和关键。无论是防范化解金融风险，还是保障粮食安全、能源供给安全、产业链供应链稳定安全，都需要在发展中破解难题、在增长中化解风险。新时代的发展是高质量发展。推动高水平科技自立自强，以科技创新释放发展潜力，以产业升级构筑竞争优势，我们才能在危机中育先机、于变局中开新局。坚持稳中求进、以进促稳、先立后破，不断夯实我国经济发展的根基、增强发展的安全性稳定性，才能在各种可以预见和难以预见的惊涛骇浪中增强我们的生存力、竞争力、发展力、持续力。

当前，我国经济恢复仍处在关键阶段，我们要增强忧患意识，有效应对和解决进一步推动经济回升向好需要克服的困难和挑战。坚定信心、开拓奋进，见微知著、未雨绸缪，随时准备应对更加复杂困难的局面，全力以赴完成好2024年经济工作重点任务，我们一定能以新安全格局保障新发展格局，实现两个新格局相互协调、相互促进。

《人民日报》2024年01月08日

持之以恒防范化解重大金融风险

黄卫挺

党的二十大报告指出,确保粮食、能源、产业链供应链可靠安全和防范金融风险还须解决许多重大问题,今后必须加大工作力度。随后召开的中央政治局会议、中央经济工作会议等都将防范化解重大金融风险列为经济工作重点加以部署,强调守住不发生系统性风险的底线。我们要立足"两个大局",深刻认识防范化解重大金融风险的重要战略意义,以习近平总书记关于金融工作特别是防范化解重大金融风险的重要论述为指导,坚定不移走中国特色金融发展之路,深入推进金融领域改革,实施金融安全战略,持之以恒防范化解重大金融风险,不断提高金融治理体系和治理能力现代化水平。

一、深刻认识防范化解重大金融风险的战略性意义

习近平总书记指出,金融安全是国家安全的重要组成部分,是经济平稳健康发展的重要基础。维护金融安全,是关系我国经济社会发展全局的一件带有战略性、根本性的大事。金融活,经济活;金融稳,经济

作者系习近平经济思想研究中心副主任。

稳。必须充分认识金融在经济发展和社会生活中的重要地位和作用，切实把维护金融安全作为治国理政的一件大事，扎扎实实把金融工作做好。

习近平总书记的重要论述，深刻揭示了防范化解重大金融风险、维护金融安全的三方面重要战略意义。一是从经济体系看，防范化解重大金融风险关乎经济高质量发展。金融是现代经济的血液，贯穿经济的方方面面，只有持之以恒防范化解金融风险，保持金融体系健康、稳定和安全，才能促进科技、产业和金融的良性循环，为实体经济发展提供源源不断的优质金融服务，为经济高质量发展贡献强有力的金融力量。二是从治国理政看，防范化解重大金融风险关乎社会政治稳定。金融具有动员储蓄的功能，防范和化解金融风险直接关系最广大群众的切身利益。近年来，一些面向大众的金融创新产品采用过于复杂的交易结构和产品设计掩盖并转移内在风险，一些违法金融活动和金融腐败案件直接侵害人民群众和国家利益，只有做好防范化解金融风险这门必修课，守护好广大人民群众的钱袋子，才能切实维护社会政治稳定。三是从大国竞争看，防范化解重大金融风险关乎中华民族伟大复兴。当前，世界百年未有之大变局加速演进，一些国家妄图利用手中的货币霸权和在全球金融体系中的非对称性优势，对其他国家发展进行打压遏制。国家"十四五"规划纲要已经提出实施金融安全战略，我们只有发扬斗争精神，牢牢把握战略主动，才能切实抵御住各类外部冲击，维护国家金融主权和发展利益，为中华民族伟大复兴保驾护航。

纵观全球近现代史，重大金融风险对国家兴衰的影响巨大。新中国成立初期，物价飞涨是我们党面临的重大经济金融风险，稳定物价就是稳定人心，也是保卫红色政权。据史料记载，在当时的上海，敌特分子和一些投机商人趁人民币尚未建立信誉之机，利用手中囤积的大量银元、外币等进行投机交易，疯狂打压人民币，在金融市场刮起黑色"龙卷风"。针对这种情况，我们党在短时间内调整策略，迅速打赢了"银元之战"和之后的"米棉之战"，成功抑制了投机、平抑了物价，保卫了红色政权，毛泽东评价其意义不亚于淮海战役。然而，从全球看，未能有效防范化解重大金融风险，给国家发展带来巨大危害的案例则数不胜数。从20世纪80年代拉丁美洲主权债务危机，到1997年的亚洲金融危机，再到2008年国际金融危机，历史已多次印证系统性金融风险的巨大破坏力。以亚洲金融危机为例，20世纪80年代至90年代，印度尼西亚、泰国、马来西亚、菲律宾四国因经济高速增长被称为亚洲四小虎，但受亚洲金融危机冲击，本币大幅贬值，银行坏账剧增，资本大量外逃，房地产和资产泡沫破裂，多年积累的国民财富顷刻间灰飞烟灭，经济停滞。有学者测算认为，亚洲金融危机使泰国经济倒退了10年。

二、准确把握习近平总书记关于防范化解重大金融风险的重要论述精神

习近平总书记高度重视防范化解重大金融风险工作。2017年4月，在十八届中央政治局第四十次集体学习时对金融安全的重要性、我国金融安全形势和维护金融安全的重点任务等进行了系统深入论述；2017年7月，在第五次全国金融工作会议上将防控金融风险列为金融工作的三大任务之一；2017年10月，在党的十九大报告中提出"三大攻坚战"，将防范化解重大金融风险作为重点任务进行部署；2019年2月，在十九届中央政治局第十三次集体学习时强调防范化解金融风险特别是防止发生系统性金融风险是金融工作的根本性任务；2022年10月，在党的二十大报告中强调要强化金融稳定保障体系,守住不发生系统性风险底线。习近平总书记关于防范化解重大金融风险的重要论述精神,为我们维护金融稳定与安全提供了根本指南。

一是服务实体经济是防范化解重大金融风险的根本举措。习近平总书记强调,为实体经济服务是金融的天职,是金融的宗旨,也是防范金融风险的根本举措。不管是管好货币信贷总闸门,还是金融机构、资本市场提供相应的金融服务,都要锚定实体经济、紧扣实体经济和服务实体经济,绝不能"就货币谈货币、就金融谈金融",否则就会导致金融秩序紊乱、物价和资产价格失控,产生各类"脱实向虚"金融风险。在经济高质量发展的新阶段,金融监管部门、金融机构和金融市场均要以实现经济质的有效提升和量的合理增长为目标,在推进新型工业化,加快建设制造强国、质量强国、航天强国、交通强国、网络强国、数字强国等方面积极投放金融资源,积极参与科技创新新型举国体制,在开辟发展新领域新赛道、塑造发展新动能新优势方面发挥好资本引领作用,实现创新链产业链资金链人才链深度融合,不断夯实中国式现代化的物质技术基础。

二是优化金融体系治理是防范化解重大金融风险的关键所在。习近平总书记在第五次全国金融工作会议上提出了健全现代金融企业制度、推动构建现代金融监管框架、健全金融法治等优化金融体系治理举措,为防范化解金融风险抓住了"牛鼻子"。健全现代金融企业制度是优化金融体系治理的首要任务,要坚持以强化公司治理为核心,深化国有商业银行改革,促进中小银行和农村信用社建立有效的治理制衡机制,加强董事会、高级管理层履职行为监督,完善激励约束机制,落实金融机构及股东在防范化解金融风险方面的主体责任,全面细化和完善内控体系,强化外部监督和增强市场约束。构建现代金融监管框架是优化金融体系治理的关键举措，要依法将各类金融活动全部纳入监管，把好金融机构准入关，优化中央金融监管部门之间以及央地之间的金融监管权责配置，确保监管无死角，构建权责一致的风险处置机制。金融法治建设是优化金融体系治理的基础性工作，要紧跟金融业改革发展步伐，及时制修订相关金融法律，及时清理废止不符合法律法规政策的规章、规范性文件，严格依法行政，优化执法工作机制，提升执法能力，提升金融司法服务保障水平，营造良好金融法治氛围，提升金融治理体系和治理能力现代化水平。

三是落实"四早"要求是防范化解重大金融风险的实践策略。习近平总书记强调，对金融风险要科学防范，早识别、早预警、早发现、早处置，要下好先手棋、打好主动仗，有效防范化解各类风险挑战。"四早"要求是实施主动性金融安全战略的重要要求，也是我国防范化解各类重大风险的成功经验。按照"四早"要求，金融监管部门要增强风险防范意识，强化金融监管的专业性统一性穿透性，加强信息共享和政策协调，未雨绸缪、密切监测、准确预判、有效防范，不忽视一个风险，不放过一个隐患。特别是，要明确金融风险处置的触发标准、程序机制、资金来源和法律责任，建立完整的金融风险处置体系。同时，要规避道德风险，从制度层面促进金融机构合规执业、稳慎发展，强化内控和合规体系建设，加强预警、主动作为，落实自救责任，制订并定期修订可行的恢复和处置计划，确保出现问题得到有序处理。

四是加强党的集中统一领导是防范化解重大金融风险的最大政治优势。习近平总书记强调，要立足中国实际，走出中国特色金融发展之路。党的领导是走中国特色金融发展之路的根本要求，也是做好金融工作、防范化解重大金融风险的最大政治优势所在。要进一步强化党中央对金融工作的集中统一领导，建立健全金融稳定和发展统筹协调机制，中央各相关部门和省级党委政府都要自觉服从、主动作为，确保金融改革发展沿着正确的方向前进，确保国家金融安全。我国绝大多数金融机构都是地方法人，必须进一步强化地方党委对金融机构党组织的领导，建立健全地方党政主要领导负责的重大风险处置机制。中央金融管理部门要依照法定职责承担监管主体责任，派出机构要自觉服从地方党委政府领导，积极发挥专业优势和履行行业管理职责，共同推动建立科学高效的金融稳定保障体系。

三、持之以恒防范化解重大金融风险

党的十八大以来，特别是第五次全国金融工作会议以来，在以习近平同志为核心的党中央坚强领导下，我国金融改革发展稳定取得了重大成就，防范化解金融风险取得了重要阶段性成效。总体上看，当前我国金融风险趋于收敛、整体可控，防范化解重大金融风险的能力显著增强。但是，我们也要清醒认识到，在世界百年未有之大变局加速演进，我国发展进入战略机遇和风险挑战并存、不确定难预料因素增多的时期，经济金融环境发生深刻变化，金融体系内部风险隐患可能"水落石出"，金融发展存在的结构性问题亟待解决，外部冲击风险明显增多，要求我们必须持之以恒做好重大金融风险防范化解工作。

一是把握好稳增长、稳杠杆和防风险的动态平衡。 在前期打赢"三大攻坚战"的总体部署下，我国宏观杠杆率得到有效控制，金融服务实体经济能力增强，防范风险工作取得积极成效，随着去杠杆工作告一段

落，政策已经转向稳杠杆。但是，受新冠疫情等因素影响，我国经济面临需求收缩、供给冲击、预期转弱三重压力，经济下行压力加大，稳增长政策之下债务增长加速，经济增长放缓，我国宏观杠杆率出现提升势头。据国际清算银行统计，2021年末我国宏观杠杆率达到272.5%，全部报告国家的杠杆率平均水平是264.4%，我国宏观杠杆率已经持续高于国际平均水平。分部门看，2021年我国住户部门、企业部门和政府部门的杠杆率分别高达72.2%、153.7%和46.6%，企业部门杠杆率在全球主要国家中处于最高水平。目前，市场对高杠杆率可能引发金融体系脆弱性具有较大共识，认为高杠杆可能带来一系列经济风险并最终诱发系统性金融风险。为此，必须稳妥把握好稳增长、稳杠杆和防风险之间的动态平衡，既要保持宏观杠杆率的总体稳定，为经济增长和市场活力创造条件，也要避免诱发系统性金融风险。要区分不同部门做好稳杠杆工作，对于住户部门要继续满足消费信贷和个人经营性贷款需求，合理引导住房类贷款；对于非金融企业部门则要将重点从规模转向效率，将更多的信贷资源配置到效率更高的企业及创新驱动行业，支持培育经济新动能；对于政府部门则要继续清理地方政府隐性债务，进一步规范地方政府举债等投融资行为。

二是科学应对储蓄率的最新变化趋势。金融的主要功能之一是将储蓄转变为投资。在过去金融抑制的情况下，高储蓄为经济发展提供了价格低廉的资金，为经济高速增长提供了支撑，形成了"高储蓄、高投资"特征。从数据看，2008年我国宏观储蓄率达到52.7%的历史高点，之后缓慢下降至2019年的43.8%，目前总体储蓄率仍然较高。很多专家判断，随着我国经济、产业、人口等发生结构性转变，未来我国宏观储蓄率还将进一步下降。据中国银行研究院测算，2025年我国宏观储蓄率将降至

40.1%—42.1%之间，而此时我国的最优储蓄率在42%—46%之间，预期储蓄率将低于最优储蓄率。储蓄率的这种趋势性下降将对经济金融运行带来重要的结构性影响，直接影响资金供给，推高资金价格，制约资本形成增长。与此同时，受疫情等因素冲击，目前我国居民的预防性储蓄动机大幅提高，据中国人民银行统计，2022年我国居民存款增加17.8万亿元，比上年多增近8万亿元，创历史新高。为此，要加强对宏观储蓄率的动态监测，深入研判、科学应对，既要避免储蓄率过快下降，也要避免出现"超额储蓄"。

三是在发展中进一步化解金融机构风险。目前，我国已经形成了具有不同所有制性质、不同规模的金融机构体系，包括国有商业银行、股份制商业银行、政策性银行、城市商业银行、农村商业银行、外资银行等。从资本充足率看，2022年三季度大型银行资本充足率为17.6%，股份行、城商行、农商行资本充足率分别为13.5%、12.9%、12%，其中农商行近年来的资本充足率总体处于下降态势。从资产素质看，2022年三季度大型银行和股份行的不良率持续改善，城商行和农商行不良率依然较高，其中城商行是三季度唯一不良率上升的银行类别。基于这些关键指标，总体上大型国有金融机构的基础较为坚实，个别中小银行、农商行、信托公司等较为脆弱。下一步，要统筹处理好维护金融机构市场主体地位和承担重大战略性任务之间的关系，统筹处理好金融行业创新发展和维护金融稳定之间的关系，继续以积极的导向推动金融机构健康发展，让市场机制在强化金融机构审慎经营意识方面发挥更大作用。要进一步深化改革和完善政策，有效隔离产业资本和金融风险，继续探索深化城商行、农商行体制机制改革，引导金融机构找准定位，专注主业，加强公司治理，不断夯实金融健康发展的微观基础。

四是加强和完善现代金融监管。在我国金融业态、风险诱因和形态、传导路径更加复杂，金融安全边界发生重大变化的形势下，必须完善党管金融的体制机制，加强和完善现代金融监管，依法将各类金融活动纳入监管，持续强化金融风险防控能力。要加快建设现代中央银行制度，完善货币政策体系，维护人民币币值稳定和经济增长，深化金融供给侧结构性改革，扩大金融业对外开放，加强金融基础设施建设。要健全以"风险为本"的审慎监管框架，优化监管技术、方法和流程，充实政策工具箱，防范风险跨机构跨市场和跨国境传染。要加强功能监管和综合监管，按照实质重于形式原则进行穿透式监管，加快金融监管数字化智能化转型，增强风险监测的前瞻性、穿透性和全面性。要营造打击金融犯罪的法治环境，织密金融法网，补齐制度短板，切实解决"牛栏关猫"问题，提高违法成本。要切实维护中央对金融工作的集中统一领导，加强监管协调和政策协同，依法合规压实不同监管责任方的风险处置责任，优化地方金融监管职权配置，引导各级政府切实按照中央决策部署处理好促进地方金融发展和防范化解金融风险的关系。

五是有效防范化解各类外部冲击。在世界百年未有之大变局加速演进的大背景下，当前和未来一个时期全球经济形势存在巨大不确定性。IMF预测认为，目前全球经济放缓程度比预期更为严重，2023年全球经济增长预期仅为2.7%，全球至少1/3的国家将陷入经济衰退。特别是，美联储加息将持续产生"溢出效应"，迫使部分新兴经济体不得不跟随加息，导致资本外流、进口成本上升、本国货币贬值等破坏性影响，推升高负债新兴经济体出现大规模债务违约的可能性。除了上述宏观风险，随着中美大国博弈加剧，美国利用手中的美元霸权对我国进行打压遏制的风险也在增大，如限制我国使用国际金融基础设施和服务，损害我国海外权益和资产安全，限制国际投资者参与我国发展等。有鉴于此，一方面，必须坚持把国家和民族发展放在自己力量的基点上，坚决维护国内经济平稳健康发展，着力补短板、强弱项、固底板，实施主动性的金融安全战略，切实维护人民币货币安全和国内金融体系稳定。另一方面，要统筹用好经济、外交等方面力量，健全反制裁、反干涉、反"长臂管辖"机制，以更加开放的姿态吸引外商、外资和外国优秀人才参与我国发展，共享中国发展红利，在开放发展中强化安全保障。

《中国党政干部论坛》2023年第1期

构建房地产发展新模式　促进高质量可持续发展

刘洪玉

2023年底召开的全国住房城乡建设工作会议，对构建房地产发展新模式工作作出了具体部署，这预示着构建房地产发展新模式工作进入了实施阶段，对促进房地产高质量发展意义重大而深远。

房地产发展新模式的内涵，有一个发展演变的过程。2021年中央经济工作会议上首次提出了"新模式"问题，2022年中央经济工作会议再次提及新发展模式，2023年中央经济工作会议第三次提及新发展模式时，要求"完善相关基础性制度，加快构建房地产发展新模式"。新模式定位为"房地产发展"的新模式，突出了"完善相关基础性制度"和构建房地产发展新模式的强关联性，让新模式的内涵更加丰富。据此，对房地产发展新模式的内涵形成三个维度的描述：一是住房制度新模式，重点是通过引入配售型保障性住房，优化完善住房保障体系，实现住房市场和保障、自住和租住关系的优化重构；二是房地产管理和调控制度新模式，包括通过加强房屋维护使用期间的管理制度建设，完善房地产全生命周期相关基础性制度以及利用当前行政性调控工具逐渐退出的契机，建立以税收工具为核心、辅之以金融等市场化工具为主的调控新模式；

作者系清华大学建设管理系教授、房地产研究所所长。

三是房地产行业的新发展模式，指房地产企业适应住房制度和管理调控制度新模式以及房地产市场内外部环境的发展变化，所形成的企业发展新模式，包括策略模式、业务模式和产品与服务模式等。

构建房地产发展新模式，是中国式现代化建设发展过程中实现住房和房地产领域高质量可持续发展的新要求，是破解房地产发展难题、促进房地产市场平稳健康发展的治本之策，必须坚持目标导向和问题导向。要结合新发展理念和中国式现代化的本质要求，确定构建房地产发展新模式过程中应遵循的价值理念以及要努力达成的目标要求，包括实现高质量发展、实现全体人民共同富裕、促进人与自然和谐共生、坚持以人民为中心、公平惠及全体人民等。要解决传统房地产发展模式存在的突出问题，房地产发展新模式可以弥补传统模式的制度缺陷，能有效解决传统模式带来的高地价高房价、供求失衡、土地财政依赖等问题。因此，构建房地产发展新模式的过程，要坚持稳中求进、以进促稳、先立后破的原则，推动新模式不能急于求成，要努力实现新旧模式的平稳过渡。

2023年底召开的全国住房城乡建设工作会议，对构建房地产发展新模式工作作出了具体部署，构建房地产发展新模式工作进入了实施阶段。一是"建立'人房地钱'要素联动的新机制"，属于完善住房制度和市场调控模式的范畴，主要是解决过去存在的四要素错配导致的供求、房价收入、房价租金等失衡问题。对于"人房地钱要素联动"，尽管这是市场经济的常识，但由于存在城市和区域间的竞争、土地等资源约束甚至是部门利益，要想实现四要素的联动和均衡并非易事，因此建立"人房地钱"要素联动新机制是构建房地产发展新模式的一个关键环节。此外，"人房地钱"也都是多维度变量，各种经济社会属性的人、不同功能用途的房、区位权属各异的地、投资金融财税的钱，更加剧了联动和均衡的复杂性。能凝聚共识且科学前瞻的各级"住房发展规划",是"人房地钱"要素联动新机制的重要载体。

二是"完善房屋从开发建设到维护使用的全生命周期基础性制度",属于完善行业和市场管理新模式的范畴,旨在以居住或非居住房地产项目为对象,结合房地产市场运行发展过程中存在的痛点难点堵点以及未来房地产高质量可持续发展的新要求,"改革开发方式、融资方式、销售方式,建立房屋体检、房屋养老金、房屋保险等制度"。将当前以新建商品房开发管理为主的管理制度,拓展到房屋全生命周期管理,确保使用中的房屋处在安全健康、智慧便捷、适老宜居的良好状态。

三是"实施好'三大工程'建设,加快解决新市民、青年人、农民工住房问题",属于完善住房制度的范畴,旨在结合"三大工程"建设,尤其是配售型保障性住房供给,优化和完善现有住房保障体系,形成住房保障发展新模式。"三大工程"是落实房地产发展新模式的重要抓手,也是稳定房地产市场的长效机制和重要切入点。其中,规划建设保障性住房,是完善住房制度和供应体系、重构市场和保障关系的重大改革,这次改革的重点是拓展了配售型保障性住房的新路子,建立租购并举的住房制度。城中村改造,是解决群众急难愁盼问题的重大民生工程,重点是消除安全风险隐患,改善居住环境,促进产业转型升级。"平急两用"公共基础设施建设,是统筹发展与安全、提高城市韧性的重大举措,确保平时用得着、急时用得上。

四是"下力气建设好房子,在住房领域创造一个新赛道",是从制度目标和行业发展角度提出的要求。好房子是个系统工程,涉及结构安全耐久、功能灵活高效、室内健康舒适、设施智能便捷、环境生态环保、社区包容宜居等多维指标。建设好房子除了鼓励企业创造新赛道、新模式外，还要通过完善制度加强源头治理。比如，"限房价、竞地价"等土地拍卖方式，普遍追求政府短期收益最大化，建造成本和开发利润空间被过度压缩，部分房企就以牺牲品质应对，让"竞品质"或"竞高标准建设方案"流于形式。

《中国建设报》2024 年 01 月 03 日

六 坚持不懈抓好"三农"工作

人民日报·评论员观察 / 尹双红

借鉴脱贫攻坚经验,全面推进乡村振兴 / 刘焕鑫

完善主粮保险机制　助力筑牢国家粮食安全防线 / 郑凤宜

> 要锚定建设农业强国目标，学习运用"千万工程"经验，有力有效推进乡村全面振兴，以确保国家粮食安全、确保不发生规模性返贫为底线，以提升乡村产业发展水平、提升乡村建设水平、提升乡村治理水平为重点，强化科技和改革双轮驱动，强化农民增收举措，集中力量抓好办成一批群众可感可及的实事，建设宜居宜业和美乡村。毫不放松抓好粮食等重要农产品稳定安全供给，探索建立粮食产销区省际横向利益补偿机制，改革完善耕地占补平衡制度，提高高标准农田建设投入标准。树立大农业观、大食物观，把农业建成现代化大产业。

人民日报·评论员观察

坚持不懈抓好"三农"工作
——扎实做好2024年经济工作

尹双红

农业再获丰收、农民稳步增收、农村和美宜居,为推动经济持续回升向好、推动高质量发展提供了有力支撑

坚持农业农村优先发展,我们就能让国内大循环的空间更广、成色更足,为巩固和增强我国经济回升向好态势释放出强大动能和潜能

"2023年我收获了26万斤稻子,以前想都不敢想。"吉林省白城市镇赉县嘎什根乡一家家庭农场负责人,掰着手指算起丰收账。筛选耐盐碱水稻品种、施用有机肥料、用上水稻机插秧同步侧深施肥等新技术……得益于盐碱地治理和综合利用,昔日的"不毛之地"转变为"鱼米之乡"。良种落地,良法种田,农机驰骋,从"会种地"到"慧种地",农业生产不断提质增效,农业日益成为有奔头的大产业,为有效应对风险挑战增信心、添底气。

农业是近两亿人就业的产业,农村是近5亿农民常住的家园。习近平总书记强调:"从世界百年未有之大变局看,稳住农业基本盘、守好'三农'基础是应变局、开新局的'压舱石'。"不久前,中央经济工作会议

部署做好2024年经济工作的九项重点任务,"坚持不懈抓好'三农'工作"是其中重要一项。推进中国式现代化,必须坚持不懈夯实农业基础,推进乡村全面振兴。锚定建设农业强国目标,学习运用"千万工程"经验,有力有效推进乡村全面振兴,我们就能进一步发挥"三农"压舱石作用,为2024年经济社会稳定发展奠定坚实的物质基础。

"三农"向好,全局主动。"三农"涉及行业多、领域广、群体大,在扩大国内需求、构建新发展格局中,可腾挪的空间、可挖掘的潜力非常广阔,对稳增长、稳就业、稳物价的战略支撑作用非常突出。2023年,克服较为严重的自然灾害等多重不利影响,我国粮食产量再创历史新高,重要农产品供给充裕、价格稳定,真正做到了"任凭风浪起,我有压舱石"。农业再获丰收、农民稳步增收、农村和美宜居,为推动经济持续回升向好、推动高质量发展提供了有力支撑。

粮食安全是战略问题,手中有粮、心中不慌在任何时候都是真理。粮食生产年年要抓紧。2024年是中华人民共和国成立75周年,是实现"十四五"规划目标任务的关键一年。确保粮食面积、产量不掉下来,供给、市场不出问题,牢牢把住粮食安全主动权,对做好2024年经济工作,保障国家长治久安具有重要意义。当前,全球粮食安全形势复杂严峻,我国粮食生产既面临气候变化、国际冲突等外部风险,也存在生态压力大等内部挑战。满足国内持续增长的粮食需求,还需着力构建更高层次、更高质量、更有效率、更可持续的粮食安全保障体系。强化科技与改革双轮驱动,加大核心技术攻关力度,加快推进种业振兴行动,在保证种植面积的同时提升单位产量,我们才能把饭碗牢牢端在自己手中。

乡村既是巨大的消费市场,又是巨大的要素市场,是国内大循环的重要组成部分。2023年1—11月,乡村消费品零售额同比增长7.9%,彰显出我国广阔的乡村地区在扩大内需、畅通循环方面的重要作用。从加强高标准农田建设，到做好"土特产"这篇大文章、擦亮"生态牌"这张金名片，从优化消费环境、丰富产品和服务供给，到持续改善农村水电路气房讯等条件，坚持农业农村优先发展，我们就能让国内大循环的空间更广、成色更足，为巩固和增强我国经济回升向好态势释放出强大动能和潜能。

坚持不懈抓好"三农"工作，紧紧扣住增加农民收入这一中心任务，加快实现高水平农业科技自立自强，让广大农民群众在改革中分享更多成果，广大乡村就会实现全面提升，产业兴旺、生态宜居、乡风文明、治理有效、生活富裕的"三农"画卷将更加壮美。

《人民日报》2024年01月09日

借鉴脱贫攻坚经验，全面推进乡村振兴

刘焕鑫

党的二十大报告指出，"完成脱贫攻坚、全面建成小康社会的历史任务，实现第一个百年奋斗目标"是新时代十年对党和人民事业具有重大现实意义和深远历史意义的三件大事之一。在以习近平同志为核心的党中央坚强领导下，我国打赢了人类历史上规模最大的脱贫攻坚战，历史性地解决了绝对贫困问题，创造了又一个彪炳史册的人间奇迹。脱贫攻坚战的全面胜利，标志着我们党在团结带领人民创造美好生活、实现共同富裕的道路上迈出了坚实的一大步。完成脱贫攻坚这一伟大事业，不仅在中华民族发展史上具有重要里程碑意义，更是中国人民对人类文明和全球反贫困事业的重大贡献。在脱贫攻坚的伟大历程中，我们党立足我国国情，把握减贫规律，出台一系列强有力的政策举措，构建了一整套行之有效的政策体系、工作体系、制度体系，走出了一条中国特色减贫道路，形成了中国特色反贫困理论。脱贫攻坚取得丰硕的实践和理论成果，为发展中国家解决好"三农"问题开辟了路径、积累了经验。

习近平总书记指出，脱贫攻坚取得胜利后，要全面推进乡村振兴，这是"三农"工作重心的历史性转移。全面推进乡村振兴，其深度、广

作者系农业农村部副部长、国家乡村振兴局局长。

度、难度都不亚于脱贫攻坚，需要借鉴脱贫攻坚经验，紧密结合新形势新任务进行创造性转化和创新性发展，走好中国特色乡村振兴之路。

一是坚持党的全面领导，健全上下贯通、协调推进的工作体系。脱贫攻坚期间，以习近平同志为核心的党中央总揽全局、协调各方，强化对脱贫攻坚的集中统一领导，把脱贫攻坚纳入"五位一体"总体布局、"四个全面"战略布局，统筹谋划，强力推进；强化中央统筹、省负总责、市县抓落实的工作机制，构建五级书记抓扶贫、全党动员促攻坚的局面；强化以村党组织为核心的村级组织配套建设，集中精锐力量投向脱贫攻坚主战场，选派第一书记和驻村干部加强基层力量；建立脱贫攻坚责任体系、政策体系、组织体系、投入体系、动员体系、监督体系、考核评估体系等制度体系，为脱贫攻坚顺利推进提供了有力支撑。全面推进乡村振兴，是党中央着眼全面建成社会主义现代化强国作出的战略部署。全面推进乡村振兴，关键在党，必须坚持党对农村工作的全面领导，落实乡村振兴责任制，实行中央统筹、省负总责、市县抓落实的乡村振兴工作机制，构建职责清晰、各负其责、合力推进的乡村振兴责任体系，举全党全社会之力加以推进。

二是坚持以人民为中心，把实现农民所思所想所盼作为工作出发点和落脚点。在脱贫攻坚实践中，我们党坚持全心全意为人民服务的根本宗旨，紧盯贫困群众基本民生需求，下大力气解决好贫困群众最关心最直接最现实的吃穿、义务教育、基本医疗、住房安全、饮水安全等问题。坚持脱贫为了人民、为了人民脱贫，推动投入力度同打赢脱贫攻坚战的要求相匹配，发挥政府投入的主体和主导作用，各级财政优先保障脱贫攻坚资金投入，金融、保险等社会资金积极参与，形成多元化、多渠道的投入体系。全面推进乡村振兴，是亿万农民的殷切期盼，要求我们必须始终站稳人民立场、坚持群众视角，想农民之所想、急农民之所急，始终把农民需要作为思考问题、谋划政策、推动工作的实践原点。坚持把增加农民收入作为"三农"工作的中心任务，千方百计拓宽农民增收致富渠道，不断提高农民生活水平。瞄准"农村基本具备现代生活条件"的目标，提高乡村基础设施完备度、公共服务便利度、人居环境舒适度，让农民就地过上现代文明生活。要强化政策保障、健全多元投入机制，发挥财政资金"四两拨千斤"作用，撬动和引导更多社会资金投入，为实现农民对美好生活的向往提供有力支撑。

三是坚持因地制宜、分类施策，将精准理念贯穿乡村振兴全过程各环节。脱贫攻坚贵在精准、重在精准。在脱贫攻坚实践中，坚持精准扶贫精准脱贫基本方略，因村因户因人施策、因贫困原因施策、因贫困类型施策，实施发展生产、易地搬迁、生态补偿、发展教育、社会保障兜底"五个一批"，解决好扶持谁、谁来扶、怎么扶、如何退、如何稳"五个问题"，做到扶持对象、项目安排、资金使用、措施到户、因村派人、脱贫成效"六个精准"，增强了脱贫攻坚的目标针对性，提升了脱贫攻坚的整体效能。全面推进乡村振兴，要继续坚持并强化精准的理念、运用精准的办法，实行"一把钥匙开一把锁"，做到精准到村、受益到人。全面摸清乡村底数，逐村找出突出短板、明确发展需求；把握乡村的差异性，科学规划实施路径，按照"土特产"思路谋划发展特色优势产业，立足实际搞好乡村建设，不搞一个模子套到底，打造各具特色的现代版"富春山居图"；合理设定阶段性目标任务和工作重点，找准突破口、排出优先序，分步组织、久久为功，一件事情接着一件事情办、一年接着一年干。

四是坚持人民主体地位，增强脱贫地区和脱贫群众内生发展动力。

在脱贫攻坚实践中，强调贫困地区发展要靠内生动力，贫困群众既是脱贫攻坚的对象、更是脱贫致富的主体，实行扶贫与扶志扶智相结合，既富口袋也富脑袋。通过教育引导、政策激励、优化帮扶方式和典型示范引领等途径，推动贫困群众转变观念、增强信心，坚定战胜贫困的信念。通过大力推进产业扶贫和就业扶贫，培养贫困群众发展生产和务工经商技能，引导他们用自己的辛勤劳动实现脱贫致富。全面推进乡村振兴，脱贫地区和脱贫群众不能掉队、不能落下。衡量乡村振兴不振兴，关键要看脱贫地区有没有振兴。全面推进乡村振兴，对于脱贫地区和脱贫群众来说，就是要把巩固拓展脱贫攻坚成果作为底线任务，把增强内生发展动力作为重中之重，用发展的办法让脱贫成果更加稳固、更可持续，不仅要巩固住还要往前走。把增加脱贫群众收入作为根本措施，把促进脱贫县加快发展作为主攻方向，培育提升产业、积极扩大就业、发展新型农村集体经济、壮大县域经济、提升脱贫群众技能素质，不断缩小脱贫群众与其他农民的收入差距，不断缩小脱贫地区与其他地区的发展差距，向着逐步实现共同富裕的目标继续前进。

五是坚持发挥我国社会主义制度能够集中力量办大事的政治优势，凝聚全面推进乡村振兴的强大合力。脱贫攻坚期间，我们党依托严密组织体系和高效运行机制，广泛有效动员和凝聚各方力量，构建了政府、社会、市场协同推进，专项扶贫、行业扶贫、社会扶贫互为补充的大扶贫格局，形成跨地区、跨部门、跨单位、全社会共同参与的多元主体的社会扶贫体系。强化东西部扶贫协作，推动省市县各层面结对帮扶，促进人才、资金、技术向贫困地区流动；组织开展定点扶贫，中央和国家机关各部门、民主党派、人民团体、国有企业和人民军队等都积极行动，所有的国家扶贫开发重点县都有帮扶单位。各行各业发挥专业优势，开展产业扶贫、科技扶贫、教育扶贫、文化扶贫、健康扶贫、消费扶贫。民营企业、社会组织和公民个人热情参与，"万企帮万村"行动蓬勃开展。全面推进乡村振兴，是实现中华民族伟大复兴的一项重大任务，是东中西部全域、农民全员、产业人才文化生态组织全方位的振兴，需要采取更有力的举措、汇聚起更强大的力量。向全社会释放重农兴农的强烈信号，动员各方面力量参与乡村振兴。深化东西部协作，坚持双向协作、互惠互利、多方共赢，统筹推进教育、文化、医疗卫生、科技等领域帮扶，深化区县、村企、学校、医院等结对帮扶，加强产业合作、资源互补、劳务对接、人才交流等，把帮扶重点转向巩固拓展脱贫攻坚成果和全面推进乡村振兴。深化中央单位定点帮扶，发挥自身优势、创新帮扶举措，持续选派挂职干部和驻村第一书记，帮助定点县加快推进补短板、促发展。在国家乡村振兴重点帮扶县深入推进教育、医疗干部人才组团式帮扶，发挥好科技特派团作用；面向其他脱贫县抓好产业顾问组服务产业发展工作。深入实施"万企兴万村"行动，引导更多民营企业到乡村投资兴业、带动发展。广泛动员社会组织参与乡村振兴，搭建参与平台，完善参与机制，打造公益品牌。注重选树先进典型，积极做好乡村振兴宣传工作，在全社会营造共同推进乡村振兴的浓厚氛围。

六是坚持求真务实、较真碰硬，踏踏实实、扎扎实实全面推进乡村振兴。在脱贫攻坚实践中，全面落实从严治党要求，突出实的导向、严的规矩，坚决反对搞不符合实际的"面子工程"，坚决反对形式主义、官僚主义，把一切工作都落实到为贫困群众解决实际问题上。实行最严格的考核评估，开展扶贫领域腐败和作风问题专项治理，建立全方位监督体系，真正让脱贫成效经得起历史和人民检验。全面推进乡村振兴，要完善考核督查机制，发挥好考核评估"指挥棒"作用，统筹开展乡村振兴战略实绩考核、巩固拓展脱贫攻坚成果同乡村振兴有效衔接考核评估，将抓党建促乡村振兴情况作为市县乡党委书记抓基层党建述职评议考核的重要内容。认真开展乡村振兴领域不正之风和腐败问题专项整治，着力纠治政策落实和工作推进中的形式主义、官僚主义问题，切实做到数量服从质量、进度服从实效，求好不求快，推动乡村振兴取得实实在在的成效。

《学习时报》2023年08月28日

完善主粮保险机制　助力筑牢国家粮食安全防线

郑凤宜

一、三大主粮完全成本和种植收入保险推进情况及成效

自2018年起，稻谷、小麦、玉米完全成本保险和种植收入保险开始试点，实现了从传统自然灾害风险保障向综合风险保障延伸，从保产量向保价格、保收入扩展，成为保障国家粮食安全、稳定农民收入的重要力量。2020年，全国稻谷、小麦、玉米三大主粮的总体承保面积11.6亿亩，覆盖面约70%。2022年中央一号文件提出，实现三大粮食作物完全成本保险和种植收入保险主产省产粮大县全覆盖。2023年中央一号文件提出，逐步扩大稻谷、小麦、玉米完全成本保险和种植收入保险实施范围。

（一）保额标准持续提高，粮农收入预期得以稳定。自2018年，完全成本和种植收入保险试点实施以来，全国各省（区、市）结合地方实际，不同程度地提高主粮保险保额。经调研了解，2022年，辽宁省玉米、水稻、小麦完全成本保险保额分别提至770元/亩、1290元/亩、820元/亩，

作者单位：中国粮食研究培训中心。

其中玉米保险保额同比提高10%。四川省玉米、水稻、小麦完全成本保险保额分别为800元/亩、1100元/亩、700元/亩，较原来的直接物化成本保额每亩分别提高400元、700元、400元。重庆市水稻、玉米完全成本保险金额皆为1100元/亩，比原来的直接物化成本保险保额均增加500元/亩，增幅为83.33%。保额标准的提高，既稳定了投保农户的种粮收入预期，也有效保障了国家粮食供给安全。

（二）保险保障功能凸显，农民种粮收益得以保证。随着三大主粮完全成本和种植收入保险保额标准的大幅提升，粮农受灾后得到的赔付金额也相应增加，既确保了粮食生产的稳定性，也激发了粮农参保的积极性。2022年，四川省三大主粮保险支付赔款8.28亿元，同比增长180.86%；四川绵竹市仅三大主粮保险就实现保险赔付634万元，同比增长30.45%，对主粮稳产保收作出了重要贡献；重庆市三大主粮保险赔款支出逐年增加，由2018年的0.65亿元增长至2022年的2.03亿元，增加了1.38亿元，增幅高达212%，弥补种粮主体经济损失的作用日益显著。2023年，河南省烂场雨发生后，保险公司迅速查灾定损，农户因投保了小麦完全成本保险，获取了高于之前普通保险的赔付金额。

（三）保险方案推陈出新，惠农支农政策落地见效。实践过程中，各地在粮食保险的品种设计、费率标准设定、投保方式选择等方面加强创新研究，制定出一系列具有地方特色的保险方案，惠农效益明显提升。山东省首次引入粮食作物风险区划管理机制，根据各地不同生产风险系数将全省小麦生产县划分为低、中、高三个等级，分别执行3.58%、3.79%、4.00%的保险费率。四川天府新区从提高保险推行工作效率及提升粮农信任程度方面考虑，联合中国太平洋保险公司眉山中心支公司推行"村集体组织小农户集体投保、分户赔付，面积在50亩以上的种粮大户则单独与保险公司签单"的便民化投保方式。江苏省因地制宜探索主粮保险改革创新试点，开发具有地方特色、针对性实用性强的主粮保险品种，满足了不同农户需要和粮食生产需求。

二、三大主粮完全成本和种植收入保险推广实施中存在的问题

（一）受政策因素影响，不同粮食产区间的保险覆盖率差异较大。2021年，财政部、农业农村部、银保监会联合印发的《关于扩大三大粮食作物完全成本保险和种植收入保险实施范围的通知》规定，在省级财政补贴不低于25%的基础上，中央财政对中西部地区和东北地区补贴45%，对东部地区补贴35%。规定未对农户自缴比例和市县财政承担比例作出明确要求，市县两级财政理论上最多需补贴30%—40%的保费，这一比例对财政能力较弱的地区造成较大的压力，导致区域间落实政策的力度不一致。一是主产区之间保险覆盖率差异明显。据测算，2022年，13个粮食主产区产粮大县完全成本保险和种植收入保险面积覆盖率平均只有约50%，面积覆盖率70%以上的3个，50%—70%之间的4个，30%—50%之间的4个，不足30%的2个。二是主产区和产销平衡区保险落实力度差异大。根据调研及现有参考文献资料测算，2022年，黑龙江省、辽宁省（主产区）三大主粮完全成本保险和种植收入保险覆盖率接近80%；安徽省总覆盖率稳定在90%左右。重庆市（产销平衡区）受作物规模化程度有限、种植面积小而散等因素影响，总覆盖率从2018年的18.67%增长至2022年的33.34%。新疆维吾尔自治区因没有享受主产区产粮大县完全成本和种植收入保险补贴政策，加之地方财政补贴能力有限，三大主粮尚未启动上述两个险种。

（二）粮农保险意识不强，不同经营主体间投保分化明显。一是粮农风险防范意识不强。对于自然风险，部分农户仍然存在"生产靠天吃饭、灾后依赖政府"的传统思想，风险应对积极性不高。对于市场风险，稻谷、小麦作物的最低收购价等补贴政策形成了对种植收入保险的部分替代，在侥幸心理驱使下，农户选择种植收入保险的可能性相对较低。二是小农户投保意识相对薄弱。新型农业经营主体、适度规模经营农户的种植规模大、投入资金多，面临粮食种植的风险相对较高，通过保险有效化解经营风险的需求大，投保积极性相对较高。根据调研及现有参考文献资料测算，新型农业经营主体对三大主粮的完全成本保险和种植收入保险的投保率约为92%，而普通小农户只有70%。

（三）保额费率厘定相对粗放，理赔定损难度大。一是保额和费率厘定缺乏针对性。由于粮食作物种植面积较为广阔，不同地区成本、产值数据以及理赔风险不尽相同。即使是同一作物，在同一省份的不同地区，受种植环境和技术因素影响，产量风险具有异质性。因此，不同地区种植收入保险的保险金额和费率水平必然存在差异。调研发现，大部分地区，水稻、小麦、玉米完全成本保险和种植收入保险在保额和费率厘定过程中，采取统一保额和费率，忽视了地域和投保对象之间的异质性。二是保险企业理赔定损难度大。一方面，精准定损难。粮食生产周期较长，市场环境也处于动态变化中，会对价格产生一定影响；灾害发生后，保险公司需要去现场了解受灾情况，确定损失大小。实际理赔工作中，业务员专业化程度的欠缺导致精准定损难以保障。另一方面，查勘定损到户难。各承保机构抽样定损不统一，不同保险标的、不同灾害损失鉴定方式不同，部分农户对抽样数量、定损的方式不理解，导致对确定的损失难以接受。

（四）保险企业赔付比例高企，政策稳定推行存在隐性风险。一是农业保险承保风险大。我国属于自然灾害多发国家，干旱、洪涝、风雹及冷冻等自然灾害每年都给国家造成数千亿元的经济损失。根据国家统计局和应急管理部数据显示，2022年，我国农作物播种面积为169991.0千公顷，同比增加1295.9千公顷，增长0.77%；农作物受灾面积12071.6千公顷，同比增加331.6千公顷，增长2.82%。在高风险面前，保险公司持续承保的意愿性低。二是灾后赔付率持续攀升。相较财产保险总体赔付率稳中有升，农业保险赔付率持续走高，甚至超过保险界公认的70%的盈亏平衡点。中国人民保险公司相关负责人表示，稻谷、玉米等粮食作物保险平均赔付率在80%以上，而玉米的保险赔付率几乎100%。赔付率的持续走高，降低了保险企业对主粮保险的承保意愿，从而会对粮食安全生产环节造成较大风险暴露。

三、对策建议

（一）加大政策支持力度，逐步扩大保险覆盖范围。一是强化政策支持。建议在保费补贴、税收优惠、政策落实等方面不断强化顶层设计，实施差异化保费补贴政策，缓解地方财政压力。比如，对农业生产负担较重、风险发生频率较高、经济发达程度较低、财政支农能力较弱的黑龙江等粮食调出大省、贵州等部分产销平衡区，适度提高中央财政保费补贴比例。适度提高中央财政对粮食主产区产粮大县的补贴比例，逐步降低市县财政承担保费和农户自缴保费压力。二是扩大覆盖区域。目前，我国非粮食主产区的产粮大县粮食播种面积和产量分别占全国的12%和11%；粮食主产区的非产粮大县粮食播种面积和产量分别占全国的比例为9%和7%，这些地区还未纳入完全成本保险和种植收入保险实施范围。建议进一步推进三大主粮完全成本保险和种植收入保险覆盖范围，更好发挥保障国家粮食安全的作用。

（二）强化宣传引导，提高农户参保企业承保比率。一是提升农户参保意识。由粮食行政管理部门和地方政府牵头，联合保险机构加大在基层粮库库点政策宣传力度，让农户认识粮食保险，了解粮食保险，熟悉保险补贴范围、理赔标准及程序等；通过开展风险管理教育与培训，逐步转变粮农传统的"靠天吃饭"理念。承保机构尽量简化保险条款，提高灾害赔付的服务质效，提升保险公司的公信力，增强投保农户的满意度。二是建立完善风险分散机制。逐步建立形成多主体参与、风险共担的"全链条"农业保险大灾风险分散机制，充分发挥再保险、保险+期货、保险+期货+订单农业等的作用，有效分散化解风险，提升保险公司风险承受能力，提高企业承保意愿。

（三）创新完善服务，建立健全保险市场运行机制。努力提高统计数据的颗粒度与精细度，科学厘定保额与费率，逐步改变"一省一费率，一省一保额"的现况。一是搭建粮食行业大数据集成共享平台。相关政府部门发挥好牵头作用，积极带动行业龙头险企、粮食行业协会和基层农户参与到数据库的建设中，"自上而下"形成合力。探索搭建以财政保费补贴为主线，以保单信息为基础，以采集、汇总、查询分析等为主要功能的农业保险保费补贴资金管理平台，为三大主粮保险承保理赔、保费补贴管理、差异化定价、防灾减灾、政策制定、行业监管等工作提供有效数据支撑，提升理赔精准化水平。二是灵活设置保额和费率。区分投保主体和地区风险差异，灵活设定保额标准和保费费率。把规模农户作为主粮收入保险的首要推广对象，着重挖掘"点对点"定制化服务和动态保额的设置。加大对自然风险较高地区的农户的政策倾斜力度，提高政府保费补贴水平和风险保障水平，提升农户保障能力。

《中国粮食经济》2023 年 12 月

七 推动城乡融合、区域协调发展

人民日报·评论员观察 / 周珊珊

加快形成城乡融合发展新格局 / 黄承伟

推动区域协调发展向更高质量迈进 / 刘培林　肖文

> 要把推进新型城镇化和乡村全面振兴有机结合起来，促进各类要素双向流动，推动以县城为重要载体的新型城镇化建设，形成城乡融合发展新格局。实施城市更新行动，打造宜居、韧性、智慧城市。充分发挥各地区比较优势，按照主体功能定位，积极融入和服务构建新发展格局。优化重大生产力布局，加强国家战略腹地建设。大力发展海洋经济，建设海洋强国。

人民日报·评论员观察

推动城乡融合、区域协调发展
——扎实做好2024年经济工作

周珊珊

城乡融合发展是解决城乡发展不平衡、农村发展不充分问题的内在要求，补短板、强弱项的过程也是激发潜能、释放活力的过程

加快建设高标准市场体系，促进商品和要素自由流动和高效配置，我们才能不断增强发展的平衡性协调性，为推动高质量发展注入强劲动能

早年的浙江，以连接杭州临安清凉峰镇与温州苍南大渔镇的"清大线"为界，"山海"分割的发展落差一度较大。久久为功，"山海协作"有力促进了城乡融合发展和区域互补发展。如今，浙江成为全国区域发展最均衡的省份之一，2022年城乡居民可支配收入比缩小到1.9，地区居民收入最高最低倍差缩小到1.58，农村居民人均可支配收入连续38年位居全国第一。在共同富裕的道路上，浙江的发展历程是新时代城乡协调发展的生动体现。

习近平总书记强调："我们必须牢牢把握中国特色社会主义事业总体布局，正确处理发展中的重大关系，不断增强发展整体性。"高质量发展

是协调成为内生特点的发展。要深刻认识到，协调既是发展手段又是发展目标，同时还是评价发展的标准和尺度。不久前举行的中央经济工作会议部署做好2024年经济工作的9项重点任务，"推动城乡融合、区域协调发展"是其中重要一项。协调发展注重的是解决发展不平衡问题。只有实现了城乡、区域协调发展，国内大循环的空间才能更广阔、成色才能更足。这一重要部署为促进城乡融合发展、区域协调发展向更高水平和更高质量迈进指明了努力方向。

推进城乡融合发展，是中国内需潜能所在。我国发展最大的不平衡是城乡发展不平衡，最大的不充分是农村发展不充分，农业农村仍然是我国现代化建设的短板。城乡融合发展是解决城乡发展不平衡、农村发展不充分问题的内在要求，补短板、强弱项的过程也是激发潜能、释放活力的过程。不断提高乡村基础设施完备度、公共服务便利度、人居环境舒适度，让农村具备现代化生产生活条件，既是挑战，也充满机遇。2023年上半年主要电商平台绿色智能家电下乡销售额同比增长12.7%；2023年以来，广东、广西、海南、贵州、云南五省份乡镇充电桩充电量同比大幅增长。把乡村建设摆在社会主义现代化建设的重要位置，统筹乡村基础设施和公共服务布局，加快城乡基础设施互联互通，推动人才、土地、资本等要素在城乡间双向流动，将为构建新发展格局、推动高质量发展拓展空间。

下好全国一盘棋，协调发展是制胜要诀。当前，我国区域发展形势是好的，但区域经济发展分化态势明显，发展动力极化现象日益突出，部分区域发展面临较大困难。地区发展差距客观存在，根据各地区的条件，走合理分工、优化发展的路子，才能推动协同发展、错位发展、联动发展。以C919国产大飞机为例，总装在上海，约10%的零部件、50%

的铝材、50%的复合材料结构件来自江苏，舱门、发动机隔热材料来自浙江，绘就长三角聚势而强的生动画卷。由长三角放眼全国，一条条新开通的铁路、公路，为陆海联动、东西互济提供更有力支撑；一个个增长极、动力源、发展带加速崛起，让要素流动更活跃、经济发展添动力。深入实施区域协调发展战略，坚决打破区域封锁和市场分割，加快建设高标准市场体系，促进商品和要素自由流动和高效配置，我们才能不断增强发展的平衡性协调性，为推动高质量发展注入强劲动能。

回顾2023年，中国经济发展平衡性持续增强。展望新的一年，尊重客观规律、发挥比较优势，推动城乡融合发展、促进区域协调发展，我们一定能释放更多发展活力与潜能，为推动经济回升向好、加快构建新发展格局、着力推动高质量发展提供有力支撑。

《人民日报》2024年01月10日

加快形成城乡融合发展新格局

黄承伟

新时代以来，在以习近平同志为核心的党中央坚强领导下，在习近平新时代中国特色社会主义思想科学指引下，党对乡村振兴的全面领导持续加强，乡村振兴战略制度框架持续健全，规划体系、政策体系、工作体系和考核机制持续完善，乡村产业、人才、文化、生态、组织振兴全面推进。特别是农村发展短板的加快补齐，农民收入水平的不断提高，城乡融合发展的有序推动，为加快农业农村现代化、建设农业强国奠定了坚实基础。

2023年中央经济工作会议强调要统筹新型城镇化和乡村全面振兴，明确要求"把推进新型城镇化和乡村全面振兴有机结合起来，促进各类要素双向流动，推动以县城为重要载体的新型城镇化建设，形成城乡融合发展新格局"。这既为以融合发展统筹推进新型城镇化和乡村全面振兴指明了方向，也表明在今后一个时期，我国将进一步加大对城乡融合、区域协调等国家空间结构的调整优化力度，积极破解县域经济发展、农业转移人口市民化、城乡发展理念转变等现实难题。

作者系农业农村部（国家乡村振兴局）中国扶贫发展中心主任、研究员。

七、推动城乡融合、区域协调发展

城乡融合助推乡村全面振兴

习近平总书记指出,在现代化进程中,如何处理好工农关系、城乡关系,在一定程度上决定着现代化的成败。城镇化是城乡协调发展的过程,不能以农业萎缩、乡村凋敝为代价。在全面推进乡村振兴的过程中,不应孤立地就乡村发展乡村,而是要对城镇和乡村发展进行统筹规划,注重乡村振兴战略和新型城镇化战略的协同推进。没有乡村的发展,城镇化就会缺乏根基。新型城镇化和乡村全面振兴发展构成了中国式现代化的最核心内容,高水平的城镇化和农业农村现代化体现了社会主义现代化的基本内涵与本质要求。在新时代新征程上,有力、有效推进乡村全面振兴,必须锚定建设农业强国目标,学习运用"千万工程"经验,以确保国家粮食安全、确保不发生规模性返贫为底线,以提升乡村产业发展水平、提升乡村建设水平、提升乡村治理水平为重点,强化科技和改革双轮驱动,强化农民增收举措,集中力量抓好办成一批群众可感可及的实事,建设宜居宜业和美乡村,走城乡融合发展之路。

一方面,新型城镇化战略的深入实施为乡村振兴战略奠定了现实基础,提供了良好的制度保障。城镇化不能单兵突进,而是要协同作战、融合发展。只有通过建立健全城乡融合发展体制机制,破除城乡二元结构,才能更好地推动城市人才、技术、资金等要素出城入乡,更好地实现以工促农、以城带乡、工农互惠、城乡一体发展。

另一方面,城乡融合发展是一项系统工程,必须以系统思维谋划顶层设计。一是要通盘考虑城乡发展规划编制,破除城乡分割的体制弊端,加快打通城乡要素平等交换、双向流动的制度性通道,包括健全城乡一体的管理制度、财政支出体制等。积极学习运用"千万工程"的系统观念，纵向上省市县乡都要通盘谋划、设计和开展前瞻性思考，横向上市与市之间甚至乡村之间要加强协同协调。二是通过优化城乡产业发展、基础设施、公共服务设施等布局，促进现代农业和现代农村建设，提升农村经济发展水平，并逐步实现全民覆盖、普惠共享、城乡一体的基本公共服务体系，切实缩小城乡差距，推进城乡协调发展。

把县域发展作为重要切入点

习近平总书记指出，要积极推进以县城为重要载体的新型城镇化建设，提升县城市政公用设施建设水平和基础公共服务、产业配套功能，增强综合承载能力和治理能力，发挥县城对县域经济发展的辐射带动作用。他强调，要因地制宜发展小城镇，促进特色小镇规范健康发展，构建以县城为枢纽、以小城镇为节点的县域经济体系。同时发展比较优势明显、带动能力强、就业容量大的县域富民产业。这些重要论述，为以融合发展统筹推进新型城镇化和乡村全面振兴提供了根本遵循。

县城作为城乡融合发展关键纽带，具有满足人民群众就业安家需求的巨大潜力。从农民的角度看，县域对农民的吸引力和亲近度较高。县域内县城是联系广大农村最紧密、最直接的城市空间结构单元，县城公共设施的共建、共享有助于农村常住人口公共服务的完善。2022年，我国县域就业的农民工已超1.6亿人，增加这些群体的工资性收入、帮助他们实现就地城镇化的需求非常强烈。

县域经济以县城为中心、乡镇为纽带、农村为腹地，发展壮大县域经济对乡村产业振兴具有不可替代的辐射带动作用。因此，加快县域内城乡融合发展，统筹推进新型城镇化和乡村全面振兴，一是要推进以人为核心的新型城镇化，促进大中小城市和小城镇协调发展。二是要把县域作为城乡融合发展的重要切入点，统筹县域产业、基础设施、公共服务、基本农田、生态保护、城镇开发、村落分布等空间布局，强化县城综合服务能力，把乡镇建设成为服务农民的区域中心，实现县乡村功能衔接互补。三是要加快小城镇发展，完善基础设施和公共服务，发挥小城镇连接城市、服务乡村的桥梁作用，加快推进以县城为重要载体的城镇化建设。四是要推动在县域就业的农民工就地市民化，增加适应进城农民刚性需求的住房供给，加快将进城落户农业转移人口全部纳入城镇住房保障体系。

推进城乡基本公共服务均等化

习近平总书记指出，要把乡村振兴战略这篇大文章做好，必须走城乡融合发展之路。党的十八大以来，党中央对加快城乡融合与协调发展进行了一系列重要部署，城乡一体化发展的体制机制加快完善，城乡要素平等交换和公共资源均衡配置持续优化，经济、政治、文化、社会、生态"五位一体"的新型城乡融合机制初步形成。中共中央、国务院在《关于建立健全城乡融合发展体制机制和政策体系的意见》中，围绕建立健全有利于城乡要素合理配置的体制机制，提出了健全农业转移人口市民化机制、建立城市人才入乡激励机制、改革完善农村承包地制度、稳慎改革农村宅基地制度、建立集体经营性建设用地入市制度等多项举措，为破除妨碍城乡要素自由流动和平等交换的体制机制壁垒，促进各类要素更多流向乡村提供了制度保障。

与此同时，统筹新型城镇化和乡村全面振兴离不开推进城乡基本公共服务均等化。一是优先发展农村教育事业，加快建立以城带乡、整体推进、城乡一体、均衡发展的义务教育发展机制，让每一个孩子都能享受公平而有质量的教育。二是提升乡镇卫生院医疗服务能力，选建一批中心卫生院。加强县级医院建设，持续提升县级疾控机构应对重大疫情及突发公共卫生事件能力。加强县域紧密型医共体建设，实行医保总额预算管理。加强妇女、儿童、老年人、残疾人等重点人群健康服务，全面推进健康乡村建设。三是加强农村社会保障体系建设，全面建成覆盖全民、城乡统筹、权责清晰、保障适度、可持续的多层次社会保障体系。完善统一的城乡居民基本医疗保险制度和大病保险制度，健全医疗救助与基本医疗保险、城乡居民大病保险及相关保障制度的衔接机制，完善城乡居民基本养老保险制度，统筹城乡社会救助体系，完善最低生活保障制度，进一步做好社会救助兜底保障工作。构建以居家为基础、社区为依托、机构为补充的多层次农村养老保障体系，健全县乡村衔接的三级养老服务网络，推进村级幸福院、日间照料中心等建设，推动乡镇敬老院升级改造。同时，加快健全农村留守儿童和妇女、老年人以及困境儿童关爱服务体系，推进残疾人社会保障体系和服务体系建设。四是始终把发展公共文化服务摆在重要位置，健全乡村公共文化服务体系，加快实现城乡基本公共文化服务均等化，更好发挥公共文化服务在引导社会、教育人民、推动发展等方面的关键作用。

《中国社会科学报》2023年12月22日

推动区域协调发展向更高质量迈进

刘培林　肖　文

关于区域协调发展的重要论述与战略部署

区域发展不协调不平衡一直是我国发展过程中面临的重要问题。20世纪中后期以来，我国相继作出实施西部大开发、振兴东北地区等老工业基地、促进中部地区崛起等重大战略决策，区域协调发展迈出坚实步伐。党的十八大以来，面对新形势新要求，以习近平同志为核心的党中央围绕区域协调发展作出了一系列重要论述和战略部署，提出新发展理念，将区域协调发展提升到了新的高度。2014年，习近平总书记在中央经济工作会议上强调优化经济发展空间格局，指出："要完善区域政策，促进各地区协调发展、协同发展、共同发展。西部开发、东北振兴、中部崛起、东部率先的区域发展总体战略，要继续实施。"此次中央经济工作会议提出要重点实施"一带一路"、京津冀协同发展战略、长江经济带发展战略。《中华人民共和国国民经济和社会发展第十三个五年规划纲要》

刘培林系浙江大学区域协调发展研究中心首席专家、研究员。
肖文系浙江大学经济学院二级教授、博导。

对新时期区域协调发展作出更加细致的部署和安排，明确要求"以区域发展总体战略为基础，以'一带一路'建设、京津冀协同发展、长江经济带发展为引领，形成沿海沿江沿线经济带为主的纵向横向经济轴带，塑造要素有序自由流动、主体功能约束有效、基本公共服务均等、资源环境可承载的区域协调发展新格局"。

随着我国经济转向高质量发展阶段，推动区域协调发展被摆在更加突出的位置。党的十九大报告立足开启全面建设社会主义现代化国家新征程的新要求，强调"实施区域协调发展战略"，要求"建立更加有效的区域协调发展新机制"，围绕西部大开发、振兴东北地区等老工业基地、促进中部地区崛起等提出了新要求，并提出推动京津冀协同发展。这些区域协调发展重要战略举措，是我国在"两个一百年"奋斗目标历史交汇期作出的新部署，对加快建设现代化经济体系、促进高质量发展具有十分重要且深远的意义。在各方共同推动下，"十三五"时期我国区域协调发展成效显著，京津冀协同发展、长江经济带发展、粤港澳大湾区建设等战略深入推进，攻克了许多区域发展中长期存在的突出难题，区域协调发展机制不断完善，为实现更高质量的区域协调发展奠定了坚实基础。

"十四五"时期是我国开启全面建设社会主义现代化国家新征程的第一个五年。站在新的更高的历史起点上，党中央对区域协调发展提出了更高要求。《中华人民共和国国民经济和社会发展第十四个五年规划和2035年远景目标纲要》将区域协调发展作为重要内容，要求"坚持实施区域重大战略、区域协调发展战略、主体功能区战略，健全区域协调发展体制机制，完善新型城镇化战略，构建高质量发展的国土空间布局和支撑体系"，并围绕京津冀协同发展、长江经济带发展、粤港澳大湾区建设、长三角一体化发展、黄河流域生态保护和高质量发展等，提出了更加系统的目标和要求。党的二十大报告强调："深入实施区域协调发展战略、区域重大战略、主体功能区战略、新型城镇化战略，优化重大生产力布局，构建优势互补、高质量发展的区域经济布局和国土空间体系。推动西部大开发形成新格局，推动东北全面振兴取得新突破，促进中部地区加快崛起，鼓励东部地区加快推进现代化。"这些重要论述和战略部署，为新征程下推动区域协调发展指明了方向。

新时代新征程中区域协调发展取得积极进展

在以习近平同志为核心的党中央坚强领导下，"十四五"以来我国区域重大战略、区域协调发展战略不断向纵深推进，相关体制机制不断健全，国土空间治理水平得到大幅提升。各地区立足自身要素禀赋优势，充分释放本地区增长动力，经济总量不断攀升。南北地区之间、东西部地区之间的发展差距首次出现收窄迹象，区域均衡性进一步增强，城乡居民生活水平差距持续缩小，基本公共服务均等化水平有所提升，区域协调发展取得显著成效。

第一，区域重大战略引领性不断增强。京津冀高质量发展蹄疾步稳，区域一体化向纵深推进。疏解北京非首都功能效果逐渐显现，雄安新区落地一大批标志性疏解项目，截至2023年11月，设立中央企业子公司及各类分支机构200余家。多所重点高校和医院在雄安新区确定选址，带动资金、人才等要素资源向雄安新区集聚。京津冀产业链与创新链融合程度不断加深，2023年北京向天津、河北输出技术合同成交额748.7亿元、增长1.1倍。"轨道上的京津冀"加速推进，基本形成北京、天津、雄安新区半小时城际通勤圈，京津冀主要城市一小时高铁交通圈，极大促进了三地人员往来、医疗合作走深走实。例如，河北省取消参保人员到京津跨省异地就医备案手续、京津冀跨区临床检验结果互认医院数量大幅提升等。

创新大江大河治理模式，走出生态优先绿色发展之路。落实并深入实施《中华人民共和国长江保护法》，建立负面清单管理体系，从岸线、河段、区域、产业等方面列出负面清单，强化绿色发展制度保障。根据国家发展和改革委员会数据，截至2023年2月，长江经济带生态环境警示片披露的623个问题已完成整改571个、85座锰渣库已完成45座污染治理，长江经济带生态环境保护发生转折性变化。

粤港澳大湾区建设稳步推进，加速迈向国际一流目标。"一小时生活圈"基本实现，截至2021年年底，粤港澳大湾区高速公路通车里程达到4972公里，路网密度位居全球主要城市群前列。以"两廊两点"为架构的科技创新空间布局基本形成，散裂中子源等大科学装置有序布局。根据世界知识产权组织发布的《2023年全球创新指数报告》，"深圳—香港—广州"科技集群连续四年排名全球第二。积极实施对接香港"北部都会区发展策略"、澳门"1+4"适度多元发展策略等，基本实现与港澳服务贸易自由化，港澳居民在内地就学、就业、创业和参加社保等更加便利，宜居宜业宜游优质生活圈加快构建。

长三角一体化发展成果丰硕，发展蓝图渐成实景画。2022年，长三角三省一市（包括江苏省、安徽省、浙江省、上海市）GDP合计达到29.03万亿元，相比2020年增长18.5%，远高于全国平均增速。跨地区科技合作机制走向成熟，建立完善了长三角科技创新共同体等联合攻关机制，推动了重要领域协同攻关，一大批科技创新成果涌现。G60科创走廊、沿沪宁产业创新带等作用更加显现，2022年长三角区域相互间技术合同输出2.5万余项，技术交易金额1863亿元，相比2020年分别提升78.6%和242%。一体化制度持续完善，2019年—2022年累计形成百余项制度创新成果。生态环境共保联治和公共服务便利共享取得新突破。异地就医便利化程度大幅提高，长三角41个城市、1.5万余家医疗机构门诊实现费用直接结算。

第二，区域协调发展战略深入实施。我国经济南北、东西区域差距首次出现收窄迹象。2022年北方地区生产总值占全国的比重为35.4%，较2021年和2020年分别提升0.2和0.3个百分点，扭转了近十年持续下降的态势。中西部经济增速快于全国平均增速，GDP占比有所提升。2022年全国GDP增速最快的10个省（区），包含5个西部省（区），依次为甘肃、云南、陕西、内蒙古和宁夏；包含4个中部省份，依次为江西、湖南、山西和湖北；东部地区福建上榜。东北地区经济增速仍然偏慢。

区域间人民生活水平差距逐渐缩小。根据国家统计局数据，以西部地区为1，2022年东部与西部地区居民人均可支配收入之比由2021年的1.62缩小至1.61，下降0.01，地区间居民收入相对差距继续缩小。其中，中西部地区人均社会消费品零售总额增速快于东部地区。

基本公共服务均等化水平不断提高。医疗方面，根据国家医疗保障局公布的《2022年全国医疗保障事业发展统计公报》，截至2022年年底，全国基本医疗保险参保人数134592万人，参保率稳定在95%以上。西部地区医疗条件大幅改善，医疗卫生机构床位数快速提升。数字技术与医疗结合程度持续深化，为中西部地区人民远程问诊等提供了便利。教育方面，中西部地区义务教育水平不断提高。从师生比来看，2021年全国小学师生比最高的10个省（区），有贵州、广西、青海、宁夏、新疆5个西部省（区），其师生比相比2012年有大幅度提高。基础设施方面，2022年，中西部地区铁路营业总里程超过9万公里，占全国的60%左右。

特殊类型地区实现振兴发展。中央财政对革命老区等地区的支持力度不断加强，绝对贫困问题得到历史性解决，脱贫攻坚取得历史性成就，革命老区"自我造血"功能不断提升。促进边境地区发展工程效果显现，云南省2207个抵边自然村全部实现通邮。集安至桓仁高速公路于2023年9月建成通车，塔什库尔干机场、山南隆子机场等正式通航，内蒙古自治区2022年新建成5个通用机场。

第三，国土空间治理水平持续提升。主体功能区定位更加明确。2022年，体现主体功能理念的第一部全国国土空间规划纲要编制完成，"多规合一"的国土空间规划体系总体形成。覆盖全国和省级、陆域和海域的主体功能区规划发布实施，明确了各县级行政单元的主体功能定位，为各地区充分发挥自身资源禀赋优势、实现高质量发展提供有力支撑。

城市群的承载能力进一步增强。国家规划建设的城市群、经济功能区成为推动经济发展的重要载体，根据《中国城市群发展潜力排名：2023》相关数据，京津冀、长三角、珠三角、成渝和长江中游五大城市群国土面积占全国国土面积的12%，但聚集了45%的人口，创造超过56%的地区生产总值。城市群等对区域发展的辐射带动作用不断增强，充分发挥了增长极和动力源作用。

生态功能区绿色发展取得新成效。以国家重点生态功能区、生态保护红线、自然保护地等为主要抓手，启动和落实山水林田湖草沙一体化保护和修复工程，设立多个国家公园。与此同时，全国森林覆盖率从

2020年的23.04%提高至2023年的24.02%，完成"十四五"任务目标的99.67%。

农产品生产向优势产区集中的格局逐步形成。粮食主产区作用不断显现，粮食产业链供应链的安全保障能力大幅提升。我国农产品全球供应链在多重冲击下仍显示出良好韧性。2022年，我国粮食产量连续八年超6.5亿吨，粮食总产量为6.87亿吨，超过"十四五"粮食综合生产能力的约束性指标，其中13个主产区粮食产量占全国粮食总产量的78%以上；2023年，全年粮食产量再创历史新高，有效维护了国家粮食安全。

区域协调发展面临的新挑战

第一，东部地区与其他地区的绝对差距较大。2022年人均生产总值最高地区是最低地区的4.2倍。东部与中西部地区、东北地区的人均收入差距仍有进一步扩大趋势，而"十四五"前期中西部地区人均收入的较快增长尚不足以改变这个格局。加之我国区域发展差距往往与城乡差距交错叠加在一起，东部地区与中西部地区农村的差距仍然较大。

第二，东北地区增速偏低。1980年，东北地区GDP约占全国的13%，人均GDP高于全国平均水平，约为全国平均水平的1.4倍，但2022年东北地区GDP占全国的份额下降至4.8%，人均GDP下降至全国平均水平的0.69倍。东北地区人口也出现了较为明显的外流情况，人口总数占全国的比重从1980年的9.0%下降至2022年的6.8%。

第三，区域政策空间单元的内部差距进一步扩大。从板块来看，西部的西南和西北地区经济增长分化现象加剧。根据国家统计局数据测算，

2012年至2022年西南省（区）（重庆、四川、贵州、云南、西藏）GDP年均增速为9.8%，GDP年均增速比西北省（区）（陕西、甘肃、青海、宁夏、新疆）高出1.1个百分点。与此同时，省会城市与非省会城市的发展不平衡加剧。例如，湖北、四川、陕西等省份省会城市生产总值占全省之比超过35%。合肥生产总值占安徽的比例2012年为24.2%，2020年大幅提高至26.0%，2022年进一步提高至26.7%。2022年粤东、粤西、粤北地区的人均可支配收入不仅低于珠三角地区平均水平，而且也低于全国平均水平。

第四，区域协调发展的体制机制尚不健全。首先，我国人口分布与经济布局有待进一步协调。劳动人口受制于土地、户籍制度及由此带来的基本公共服务障碍，自由流动仍然存在壁垒。其次，农产品产销利益协调机制有待进一步健全。最后，市场化生态补偿机制不足。跨地区生态协作强调"补偿"而非市场化的"等价交换"，一定程度上抑制了生态功能区共享发展。

推动区域协调发展迈向更高层次

顺应人口流动和分布格局变化趋势，健全区域协调发展体制机制，优化重大生产力布局。在人口密集地区形成产业集群、产业链，以需求结构升级和人力资本跃升引领产业转型升级。完善义务教育、土地供应、医疗卫生、社会保障、就业创业等基本公共服务与常住人口挂钩机制，推动外来人口更好融入城市。落实好《全国国土规划纲要（2016—2030年）》，更好地立足城市化地区、农产品主产区、生态功能区比较优势，推动农村人口特别是生态功能区人口迁入城市，提高城镇化水平。按照人口规模分配生态环境指标，提高东部地区吸纳人口积极性，加大对人口净流出重点衰退地区的专项扶持。在区域间开展市场化生态环境交易，促进西部地区发展。

强化东北地区和中西部地区的产业承接能力，缩小东部、西部、东北及中部"四大板块"发展差距。立足地区区位条件、产业基础等资源禀赋情况，明确地区功能定位，进一步扩大中西部地区的中心城市发展水平。提升区域性大通道功能，在东北地区、中西部地区规划建设内陆开放型产业园区及其配套的陆地港，将经开区和保税区等类型园区特殊政策在这些内陆地区整体推广。以健全和落实优化营商环境的法规体系为着力点，推广国内经济相对发达地区的最佳实践，持续优化地区营商环境。评选东北地区、中西部地区营商环境优化取得标志性成果的城市，在全社会进行正面宣传，提振企业家投资信心。

畅通不同空间单元的大循环，更好发挥动力源地区引擎作用。加快统一大市场建设，实行多样化的政策工具组合，开展妨碍统一市场和公平竞争的政策措施专项清理工作。支持省际交界地区一体化发展，如支持苏皖等交界地区加强合作。发挥城市群和中心城市的"以大带小"作用，促进省域等区域政策单元内部要素的流动，平衡好提高省会城市首位度和带动周边城市发展两方面需要，合理规划产业链在各个空间单元分布，通过中心城市"引擎带动""轴带整合"形成跨区域产业集群。

推动新一轮全面深化改革，理顺中央与地方的财政关系。首先，化解和抑制地方债风险。采取债务重组与债务置换等手段，将地方短期、高息债务置换为中央层面更长期的债务，避免地方债务触发系统性风险。其次，建立事权和支出责任相适应的制度。构建权责明确的央地财政事权和责任划分体系以及现代财税制度，压缩中央和地方共同事权以及委托事权事务的数量，健全地方税、直接税体系，优化税制结构，理顺央地财政关系。

（浙江大学区域协调发展研究中心副研究员薛天航对本文亦有贡献）

《人民论坛》2024年第3期

八 深入推进生态文明建设和绿色低碳发展

人民日报·评论员观察 / 崔妍

全面推进美丽中国建设　加快推进人与自然和谐共生的现代化 / 孙金龙　黄润秋

为推进中国式现代化贡献能源力量 / 章建华

> 建设美丽中国先行区，打造绿色低碳发展高地。积极稳妥推进碳达峰碳中和，加快打造绿色低碳供应链。持续深入打好蓝天、碧水、净土保卫战。完善生态产品价值实现机制。落实集体林权制度改革。加快建设新型能源体系，加强资源节约集约循环高效利用，提高能源资源安全保障能力。

人民日报·评论员观察

深入推进生态文明建设和绿色低碳发展
——扎实做好2024年经济工作

崔 妍

> 我们要自觉把经济社会发展同生态文明建设统筹起来，把绿色低碳发展作为治本之策，以高品质生态环境支撑高质量发展
>
> 打通生态价值转化路径，架起"绿水青山"与"金山银山"之间的桥梁，推动经济发展的新引擎就会更加强劲

地处大兴安岭北麓的黑龙江漠河林场，全面停止天然林商业性采伐近10年，吃上了"生态饭"。走进林场小北沟管护站试种的田地里，参天树木下铺着防晒网，朵朵灵芝撑起棕黄色的"小伞"，厚实的黑木耳破菌包而出……蓬勃发展的林下经济，引来了不少游客。灵芝、木耳、林下鸡一年能给管护站增收3万多元，农家乐也红火起来。守护自然资源，激活自然价值，生态与经济双赢，生动诠释着"人不负青山，青山定不负人"的道理。

习近平总书记强调："良好生态环境既是自然财富，也是经济财富，关系经济社会发展潜力和后劲。"2023年前三季度，全国可再生能源新增装机同比增长93%；截至三季度末，本外币绿色贷款余额同比增

长36.8%；11月，新能源汽车、太阳能电池产量同比分别增长35.6%和44.5%……全面绿色转型扎实推进，低碳发展步伐坚定，越擦越亮的"绿色"底色，正持续提升我国经济发展的"含金量"。不久前举行的中央经济工作会议部署做好2024年经济工作的9项重点任务，一项重要内容就是"深入推进生态文明建设和绿色低碳发展"。扎实做好2024年经济工作，我们要自觉把经济社会发展同生态文明建设统筹起来，把绿色低碳发展作为治本之策，以高品质生态环境支撑高质量发展。

绿水青山和金山银山决不是对立的，关键在人，关键在思路。浙江安吉成立县级竹林碳汇收储交易平台，鼓励各村将村集体及村民林地使用权交由平台集中经营，并按照相关政策开展碳汇交易，平台运行以来已收储84万亩林地，完成22笔交易，交易金额173万元，形成了生态与收益的良性互动。可见，良好的生态能够"点石成金"，拓展经济发展的新路径。当前，我国经济社会发展已进入加快绿色化、低碳化的高质量发展阶段，生态文明建设仍处于压力叠加、负重前行的关键期。把生态保护好，把生态优势发挥出来，才能实现高质量发展。实事求是、锐意创新，打通生态价值转化路径，架起"绿水青山"与"金山银山"之间的桥梁，推动经济发展的新引擎就会更加强劲。

"草木植成，国之富也。"生态环境保护做得好，自然资源再生能力强，经济发展可持续，发展的空间才更广阔、后劲才更足。内蒙古鄂尔多斯经济结构一度比较单一，产业链安全性稳定性较弱。随着煤化工技术逐步应用推广，几百元一吨的原煤加工为几千元一吨的甲醇，甲醇再转化为每吨上万元的烯烃产品，就实现了产业链价值的能级跃升。这充分说明，在转方式、调结构、提质量、增效益上积极进取，以发展"含绿量"提升产业"含金量"，我们就能打开发展新局面。着眼未来，为更好实现生态美百姓富的有机统一，我们要坚持稳中求进、以进促稳、先立后破，加快推动发展方式绿色低碳转型，坚持把绿色低碳发展作为解决生态环境问题的治本之策，加快形成绿色生产方式和生活方式，厚植高质量发展的绿色底色，更好推动经济发展实现质的有效提升和量的合理增长。

保护生态环境就是保护生产力，改善生态环境就是发展生产力。只有把绿色发展的底色铺好，才会有今后发展的高歌猛进。坚持走生态优先、绿色发展之路，完善生态产品价值实现机制，我们就能将生态优势转化为发展优势，在新的一年经济工作中书写出高质量发展的"绿色答卷"。

《人民日报》2024年01月11日

全面推进美丽中国建设 加快推进人与自然和谐共生的现代化

孙金龙 黄润秋

《中共中央国务院关于全面推进美丽中国建设的意见》（以下简称《意见》）近日发布，对全面推进美丽中国建设工作作出系统部署，明确了总体要求、重点任务和重大举措，是指导全面推进美丽中国建设的纲领性文件。要深入学习贯彻习近平生态文明思想，准确把握美丽中国建设使命任务，坚决抓好《意见》贯彻落实，确保美丽中国目标如期实现。

充分认识建设美丽中国的重大意义

建设美丽中国是以习近平同志为核心的党中央着眼人与自然和谐共生现代化建设全局，顺应人民群众对美好生活的期盼作出的重大战略部署。新时代新征程，把美丽中国建设摆在强国建设、民族复兴的突出位置，加快推进人与自然和谐共生的现代化，对我国实现高质量发展、全面建成社会主义现代化强国具有重大意义。

孙金龙系生态环境部党组书记。
黄润秋系生态环境部部长。

八、深入推进生态文明建设和绿色低碳发展

建设美丽中国是全面建设社会主义现代化国家的重要目标。中国式现代化是人与自然和谐共生的现代化，强调尊重自然、顺应自然、保护自然，注重同步推进物质文明建设和生态文明建设。美丽中国建设关系高质量发展全局，事关如期实现第二个百年奋斗目标大局，必将贯穿于中国式现代化全过程。必须坚持人与自然是生命共同体，走生产发展、生活富裕、生态良好的文明发展道路，以美丽中国建设全面推进人与自然和谐共生的现代化。

建设美丽中国是实现中华民族伟大复兴中国梦的重要内容。实现中华民族伟大复兴，是中华民族近代以来最伟大的梦想，其本质是实现国家富强、民族振兴、人民幸福。生态环境是人类生存和发展的根基，生态兴则文明兴。必须全面加强美丽中国建设，把生态文明建设放在突出位置，将自然与文明结合起来，让自然生态在现代化人类社会治理体系下更加宁静、和谐、美丽，让人民在优美自然生态环境中享受极大丰富的物质文明和精神文明，筑牢中华民族伟大复兴的生态根基。

建设美丽中国是满足人民日益增长美好生活需要的必然要求。环境就是民生，良好生态环境是最普惠的民生福祉。随着我国经济社会发展和人民生活水平的提高，广大人民群众热切期盼良好生产生活环境，人民群众日益增长的优美生态环境需要已成为我国社会主要矛盾的重要内容。必须顺应人民群众对美好生活的向往，持续改善生态环境质量，提供更多优质生态产品，让人民群众在绿水青山中共享自然之美、生命之美、生活之美。

建设美丽中国是共建清洁美丽世界的中国贡献。建设美丽家园是人类的共同梦想。面对气候变化、生物多样性丧失等全球性生态环境挑战，人类是一荣俱荣、一损俱损的命运共同体。必须秉持人类命运共同体理念，承担大国责任、展现大国担当，以美丽中国建设引领全球环境治理

进程，为建设清洁美丽世界，实现更加强劲、绿色、健康的全球发展贡献中国智慧和中国力量。

准确把握美丽中国建设的总体要求

《意见》结合新形势新挑战，围绕推动局部和全局相协调、治标和治本相贯通、当前和长远相结合，提出全面推进美丽中国建设的总体要求，需要系统、全面、准确理解和把握。

在总体方向上，要加快形成美丽中国建设新格局。《意见》围绕贯彻落实党的二十大和全国生态环境保护大会部署，明确要正确处理高质量发展和高水平保护、重点攻坚和协同治理、自然恢复和人工修复、外部约束和内生动力、"双碳"承诺和自主行动的关系，统筹产业结构调整、污染治理、生态保护、应对气候变化，协同推进降碳、减污、扩绿、增长，以高品质生态环境支撑高质量发展，加快形成以实现人与自然和谐共生现代化为导向的美丽中国建设新格局。

在主要目标上，要锚定三个时间节点目标要求。《意见》紧扣党的二十大关于未来5年、到2035年和本世纪中叶美丽中国建设目标要求，聚焦2035年生态环境根本好转、美丽中国目标基本实现，结合我国当前生态环境保护结构性、根源性、趋势性特点，以及国际国内形势，提出三个阶段生态环境治理路径，即"十四五"深入攻坚，实现生态环境持续改善；"十五五"巩固拓展，实现生态环境全面改善；"十六五"整体提升，实现生态环境根本好转。经过三个五年的努力，一步一个台阶，久久为功推动生态环境质量改善实现从量变到质变。

在建设部署上，要强化四个方面战略安排。《意见》强调推动经济社会发展绿色化、低碳化，加快推进能源、工业、交通运输、城乡建设、农业等全领域转型；以美丽中国先行区建设为牵引，分阶段、分批次推进美丽蓝天、美丽河湖、美丽海湾、美丽山川、美丽城市、美丽乡村等全方位提升；因地制宜、梯次推进西部、东北、中部、东部等美丽中国建设全地域覆盖；鼓励园区、企业、社区、学校等基层单位开展绿色、清洁、零碳引领行动，把建设美丽中国转化为全社会行为自觉。

扎实推进美丽中国建设的重点任务

《意见》瞄准未来5年和到2035年美丽中国建设目标，明确了全面推进美丽中国建设的重点任务。要坚持目标导向和问题导向，把路线图变成施工图，确保美丽中国目标如期实现。

持续深入推进污染防治攻坚。保持力度、延伸深度、拓展广度，持续深入打好蓝天、碧水、净土保卫战。以京津冀及周边、长三角、汾渭平原等重点区域为主战场，以细颗粒物控制为主线，推进多污染物协同减排。统筹水资源、水环境、水生态治理，推进大江大河、重要湖泊、重点海域保护和综合治理。开展土壤污染源头防控行动。加快"无废城市"建设，实施新污染物治理行动。

加快发展方式绿色转型。优化国土空间开发保护格局，完善生态环境分区管控体系。有计划分步骤实施碳达峰行动，加快规划建设新型能源体系，开展多领域多层次减污降碳协同创新试点，进一步发展全国碳市场。大力发展战略性新兴产业、高技术产业、绿色环保产业、现代服务业，推进"公转铁""公转水"，坚决遏制高耗能、高排放、低水平项目盲目上马。实施全面节约战略，全面提高资源利用效率。

提升生态系统多样性稳定性持续性。全面推进以国家公园为主体的自然保护地体系建设，加快实施重要生态系统保护和修复重大工程、生物多样性保护重大工程。强化生态保护修复统一监管，开展生态状况监测评估和生态保护修复成效评估，健全生态产品价值实现机制，推进重点生态功能区、生态保护红线、重要生态系统等保护补偿。

守牢美丽中国建设安全底线。着力提升国家生态安全风险研判评估、监测预警、应急应对和处置能力。建设与我国核事业发展相适应的现代化核安全监管体系，推动核安全高质量发展。加强生物安全管理。强化气候变化监测预测预警和影响风险评估。推进环境风险常态化管理，做好危险废物、尾矿库、重金属等重点领域环境隐患排查和风险防控。

打造美丽中国建设示范样板。从区域、地方、社会三个层面，按照分阶段、分批次、滚动实施的原则，有序推进"美丽系列"建设行动。优先开展美丽中国先行区建设，聚焦京津冀、长江经济带、粤港澳大湾区、长三角地区、黄河流域等区域重大战略，先行先试形成一批示范样板。深入开展生态文明建设示范区和"绿水青山就是金山银山"实践创新基地创建，积极打造各美其美、美美与共的美丽城市、美丽乡村等。

开展美丽中国建设全民行动。培育弘扬生态文化，倡导简约适度、绿色低碳、文明健康的生活方式和消费模式，让绿色出行、节水节电、"光盘行动"、垃圾分类等成为习惯。持续开展"美丽中国，我是行动者"系列活动，充分发挥行业协会商会桥梁纽带作用和群团组织作用，推动形成人人、事事、时时、处处崇尚生态文明的社会氛围。

健全美丽中国建设保障体系。深化生态文明体制改革，实施最严格的生态环境治理制度。健全资源环境要素市场化配置体系，探索区域性环保建设项目金融支持模式。构建市场导向的绿色技术创新体系，支持科技成果转化和产业化推广。深化数字技术应用，构建美丽中国建设数字化治理体系。加快实施减污降碳协同、环境品质提升等工程。坚持人类命运共同体理念，共建清洁美丽世界。

着力抓好《意见》贯彻落实

全面推进美丽中国建设责任重大、使命光荣，必须深刻领悟"两个确立"的决定性意义，增强"四个意识"、坚定"四个自信"、做到"两个维护"，以高度的思想自觉、政治自觉、行动自觉全力抓好《意见》贯彻落实，确保党中央决策部署落地见效。

加强组织领导。坚持和加强党的全面领导，完善中央统筹、省负总责、市县抓落实的工作机制。深入推进中央生态环境保护督察，将美丽中国建设情况作为督察重点。制定地方党政领导干部生态环境保护责任制规定，建立覆盖全面、权责一致、奖惩分明、环环相扣的责任体系。

健全实施机制。推动制定分领域行动方案，加快形成美丽中国建设实施体系和推进落实机制。出台配套措施，细化实化政策举措，强化对重大工程的财税、金融、价格等政策支持。

强化宣传推广。持续深化习近平生态文明思想理论研究、学习宣传、制度创新、实践推广和国际传播，推进生态文明教育纳入干部教育、党员教育、国民教育体系。

开展考核评价。研究制定美丽中国建设成效考核指标体系及考核办法，适时将污染防治攻坚战成效考核过渡到美丽中国建设成效考核。

《人民日报》2024年01月16日

为推进中国式现代化贡献能源力量

章建华

党的二十大站在以中国式现代化全面推进中华民族伟大复兴的战略高度，对能源发展作出新部署、提出新要求，提出要积极稳妥推进碳达峰碳中和、深入推进能源革命、加快规划建设新型能源体系、确保能源安全、积极参与应对气候变化全球治理等，为新征程上推动能源高质量发展指明了方向。我们要紧密结合学习贯彻习近平新时代中国特色社会主义思想主题教育，深入学习领会党的二十大精神，在更高起点上持续推进能源安全新战略走深走实，切实把学习成效转化为推动能源高质量发展的生动实践，努力为强国建设、民族复兴作出新的更大贡献。

坚持党的全面领导这一根本保证，始终保持坚定正确的政治方向

党的二十大报告提出："中国特色社会主义最本质的特征是中国共产党领导，中国特色社会主义制度的最大优势是中国共产党领导，中国共产党是最高政治领导力量，坚持党中央集中统一领导是最高政治原则。"新时代以来，以习近平同志为核心的党中央团结带领全党全国各族人民，

作者系国家发展和改革委员会党组成员，国家能源局党组书记、局长。

沉着应对严峻复杂的国际形势和接踵而至的巨大风险挑战，奋力推进新时代中国特色社会主义事业，完成脱贫攻坚、全面建成小康社会的历史任务，实现第一个百年奋斗目标，书写经济快速发展和社会长期稳定两大奇迹新篇章，实现中华民族伟大复兴进入不可逆转的历史进程。实践证明，新时代党和国家事业取得历史性成就、发生历史性变革，根本在于有习近平总书记作为党中央的核心、全党的核心掌舵领航，根本在于有习近平新时代中国特色社会主义思想科学指引。在抗击新冠疫情等重大考验面前，能源行业听从命令、服从指挥，坚决履行保供稳价政治责任，开足马力保障生产供应，有力确保了煤电油气安全稳定，有效防范了国际市场动荡波动对我国发展的传导影响，14亿多人的能源安全得到有效保障，充分体现了党的领导的强大优势。

中国式现代化是中国共产党领导的社会主义现代化，党的领导直接关系中国式现代化的根本方向、前途命运、最终成败。新征程上，我们要始终坚持以习近平新时代中国特色社会主义思想为指导，深刻领悟"两个确立"的决定性意义，增强"四个意识"、坚定"四个自信"、做到"两个维护"，坚决贯彻落实党中央决策部署，把党的领导全面、系统、整体地落实到能源工作各领域各方面各环节，确保新时代能源发展始终沿着坚定正确的政治方向前进。

坚持中国式现代化这一正确道路，自觉增强伟业必成的信心决心

党的二十大报告提出："以中国式现代化全面推进中华民族伟大复兴。"在新中国成立特别是改革开放以来的长期探索和实践基础上，经过党的十八大以来在理论和实践上的创新突破，我们党成功推进和拓展了中国式现代化。中国式现代化是强国建设、民族复兴的唯一正确道路，沿着这条道路，中国不仅大踏步赶上了时代，而且成为当今世界经济增长的稳定器和动力源。新时代以来，在能源安全新战略的科学指引下，我们深入推进能源生产和消费革命，可再生能源发电总装机增长约3倍，水电、风电、光伏、生物质发电和在建核电规模多年位居世界第一，非化石能源消费比重由2012年的9.7%提高到2022年的17.5%，以年均不到3%的能源消费增速支撑了年均超过6%的经济增长，生态优先、绿色低碳的高质量发展道路越走越宽阔。

中国式现代化打破了"现代化＝西方化"的迷思，科学回答了建设什么样的社会主义现代化强国、怎样建设社会主义现代化强国等重大时代课题，展现了不同于西方现代化模式的新图景。新征程上，我们要坚定不移走中国式现代化道路，坚持独立自主、自力更生，坚持道不变、志不改，增强战略自信，保持战略定力，以能源安全新战略为根本遵循，加快推进能源生产和消费革命，全面构建清洁低碳、安全高效的现代能源体系，集中精力把我们自己的事情办好。

坚持以人民为中心的发展思想，牢牢站稳人民立场

党的二十大报告提出："江山就是人民，人民就是江山。中国共产党领导人民打江山、守江山，守的是人民的心。"我们党为人民出生入死、与人民同甘共苦，一百多年来的一切奋斗牺牲和创新创造都是为了人民。以人民为中心的发展思想，始终贯穿于党领导能源发展的奋斗历程中，体现在以"爱国、创业、求实、奉献"为主要内涵的大庆精神和铁人精神上，体现在以"特别能吃苦、特别能战斗、特别能奉献"为主要特点的煤炭行业优良作风里，体现在"人民电业为人民"的电力行业光荣传统中。新时代以来，我们加快建设能源惠民利民工程，彻底解决无电人口用电问题，建成2636万千瓦光伏扶贫工程，北方地区冬季清洁取暖率达到76%，油品质量迈入国际领先行列，建成全球最大规模的电动汽车充电设施网络，民生用能保供稳价有力有效，有力促进了民生福祉改善。

中国式现代化是全体人民共同富裕的现代化，人民创造历史伟业，人民共享发展成果。新征程上，我们要始终坚持党的群众路线，牢牢站稳人民立场，把人民对美好生活的向往作为奋斗目标，紧紧围绕人民群众用能需求，采取更多惠民生暖民心的务实举措，扎实推进油品质量升级、北方地区冬季清洁取暖、农网巩固提升、电动汽车充电设施等民生工程建设，多措并举增加清洁能源供应，一体推进城乡用能建设，努力为逐步实现全体人民共同富裕提供更好的能源服务。

坚持保障能源安全这一首要职责，坚决扛起"国之大者"的责任担当

党的二十大报告提出："国家安全是民族复兴的根基，社会稳定是国家强盛的前提。"当前，我国发展进入战略机遇和风险挑战并存、不确定难预料因素增多的时期，各种"黑天鹅""灰犀牛"事件随时可能发生，必须强化忧患意识和底线思维，增强维护国家能源安全的能力。我国14亿多人口整体迈入现代化社会，其规模超过现有发达国家人口的总和。现在我国人均能源消费水平仅为经合组织（OECD）国家平均水平的2/3左右，随着现代化建设全面推进、人民生活持续改善，未来一段时间我国能源需求还将保持刚性增长，保障能源安全的艰巨性和复杂性前所未有。

中国式现代化是人口规模巨大的现代化，中国作为制造业大国，能源产业需要继续发展，否则不足以支撑国家现代化。新征程上，要坚持我们的责任首先是要对能源安全负责，坚持稳中求进的工作总基调，立足我国基本国情，更好统筹发展和安全，充分发挥煤炭、煤电兜底保障作用，持续加大油气资源勘探开发和增储上产力度，不断提升电力保供能力，大力加强能源储备应急体系和预测预警体系建设，以大概率思维应对小概率事件，扎实做好经受风高浪急甚至惊涛骇浪重大考验的准备，坚决把能源的饭碗牢牢端在自己手里。

坚持碳达峰碳中和这一战略抉择，切实增强转型变革的历史主动

党的二十大报告提出："实现碳达峰碳中和是一场广泛而深刻的经济社会系统性变革。立足我国能源资源禀赋，坚持先立后破，有计划分步骤实施碳达峰行动。"实现碳达峰碳中和，是着力解决资源环境约束突出问题、实现中华民族永续发展的必然选择，也是构建人类命运共同体的庄严承诺，不是别人让我们做，而是我们自己主动要做。能源是经济社会发展的重要物质基础和动力源泉，也是推进碳达峰碳中和的主战场。"双碳"背景下的能源工作既要保障安全，也要推进绿色转型；既要立足基本国情推动结构调整优化，增强综合保障能力，也要发挥我国负责任大国的积极作用，提振国际社会合作应对气候变化的信心雄心。

中国式现代化是人与自然和谐共生的现代化，生态兴则文明兴，生态衰则文明衰。新征程上，我们要始终坚持绿水青山就是金山银山，完整准确全面贯彻新发展理念，坚持先立后破、通盘谋划，深入贯彻落实能源领域碳达峰实施方案，扎实推进能源结构调整，持续推动化石能源清洁高效利用，大力发展非化石能源，扎实抓好煤电"三改联动"，积极推进水电、核电等重大工程和以沙漠、戈壁、荒漠地区为重点的大型风电光伏基地建设，积极推动抽水蓄能、新型储能和氢能发展，不断提升新能源消纳能力，取得"接力赛"中我们这一棒的优异成绩。

坚持改革创新这一时代特征，不断激发向上向前的动力活力

党的二十大报告提出："深入推进改革创新""开辟发展新领域新赛道，不断塑造发展新动能新优势"。一部中国能源发展史，也是一部改革创新史、一部生产关系和生产力协调发展史。比如，20世纪80年代初引领改革风气之先大胆探索1亿吨原油产量包干，21世纪初站立市场经济潮头坚定实施电力体制改革，新时代以来再乘高质量发展大势持续深化新一轮电力体制改革和油气体制改革，能源体制机制改革有力推动了生产关系的调整完善。又如，水电单机容量从三峡水电站时的70万千瓦发展到白鹤滩水电站时全球唯一的100万千瓦，核电从引进消化吸收发展到走出国门成为代表"中国创造"的闪亮名片，风电、光伏更是一路赶超跨越实现度电成本与煤电相当甚至更低，能源科技创新有力推动了生产力水平的大幅跃升。

当前，新一轮科技革命和产业变革加速推进，国际产业分工格局发生新变化，过去以要素驱动为主的发展动能日趋衰弱，必须向创新驱动发展转变，全面塑造发展新优势。在新一轮全球增长面前，惟改革者进，惟创新者强，惟改革创新者胜。新征程上，我们要始终牢记"改革开放是决定当代中国命运的关键一招，也是决定中国式现代化成败的关键一招"，坚持科技是第一生产力，坚持创新在我国能源发展全局中的核心地位，坚持市场化改革方向不动摇，进一步深化能源体制机制改革，扎实推进能源监管和法治建设，加快推进高水平科技自立自强，持之以恒推动新旧动能转换，为创新大潮奔流涌动拓展源头活水，为党和国家长治久安再造大国重器。

《人民日报》2023年06月03日

九 切实保障和改善民生

人民日报·评论员观察 / 张凡

不断实现人民对美好生活的向往 / 詹成付

坚持在发展中保障和改善民生 / 赖德胜

> 要坚持尽力而为、量力而行,兜住、兜准、兜牢民生底线。更加突出就业优先导向,确保重点群体就业稳定。织密扎牢社会保障网,健全分层分类的社会救助体系。加快完善生育支持政策体系,发展银发经济,推动人口高质量发展。

人民日报·评论员观察

切实保障和改善民生

——扎实做好2024年经济工作

张　凡

把保障和改善民生紧紧抓在手上，切实托住这个底，使民生改善和经济发展有效对接、良性循环、相得益彰

要更加突出就业优先导向，确保重点群体就业稳定，加力推动就业形势持续好转，以更加充分、更高质量就业带动劳动者增收，让人民群众享有实实在在的获得感

"新家很暖和，心里更暖和。"在河北省涿州市刁窝镇佟村，五保户胡月梅家里暖意融融。2023年夏天，涿州遭遇洪涝灾害。大水退去后，胡月梅家的房子被鉴定为C级危房。在政府和爱心企业的帮助下，胡月梅家的房屋修缮一新，入冬前不仅搬进了新家，还收到了新棉被和专为困难群众发放的温暖过冬补贴。胡月梅家的故事，是寒冬里万千暖流中的一幕，也是我们切实做好保障和改善民生工作的生动缩影。

民生是人民幸福之基、社会和谐之本。习近平总书记深刻指出"人民幸福安康是推动高质量发展的最终目的"，强调"必须以满足人民日益增长的美好生活需要为出发点和落脚点，把发展成果不断转化为生活品

质"。不久前举行的中央经济工作会议部署做好2024年经济工作的九项重点任务，一项重要内容就是"切实保障和改善民生"。回望刚刚过去的一年，顶住外部压力、克服内部困难，以习近平同志为核心的党中央始终坚持人民至上，始终聚焦民生关切，书写下温暖人心的民生答卷。今年是实现"十四五"规划目标任务的关键一年，做好民生工作的重要性更加凸显。我们要按照中央经济工作会议部署，扎扎实实把民生工作做好做实。

抓民生也是抓发展。做好经济社会发展工作，民生是"指南针"；持续改善民生，又能调动发展的积极性，形成新的经济增长点。当前，我国经济回升向好，但国内有效需求仍然不足，居民消费意愿有待进一步提升。做好民生工作，使居民有稳定收入能消费、没有后顾之忧敢消费，能助力扩大内需，形成高质量发展的内生动力。从这个角度讲，要全面把握民生和发展相互牵动、互为条件的关系，把保障和改善民生紧紧抓在手上，切实托住这个底，使民生改善和经济发展有效对接、良性循环、相得益彰。

就业是最大的民生工程、民心工程、根基工程。2023年1月至11月，全国城镇新增就业1180万人；11月末，城镇调查失业率为5%，低于2019年同期水平。在经济运行不确定因素增多的情况下，能取得这样的成绩，殊为不易。当前，我国就业总量压力和结构性矛盾并存，稳就业任务依然艰巨。同时也要看到，随着经济回升向好态势巩固增强，稳就业积极因素也在不断累积。我们既要坚定信心，也要脚踏实地，切实把这个民生头等大事抓好。要更加突出就业优先导向，确保重点群体就业稳定，加力推动就业形势持续好转，以更加充分、更高质量就业带动劳动者增收，让人民群众享有实实在在的获得感。

保障和改善民生没有终点，只有连续不断的新起点。从"兜住、兜准、兜牢民生底线"，到"织密扎牢社会保障网"，再到"加快完善生育支持政策体系"等，坚持尽力而为、量力而行，拿出更多有温度、有实效的举措，把中央经济工作会议部署的这些重点任务落地落实，才能更好为群众解难题、谋实惠。岁末年初，正是做好民生领域工作的关键期。解决好城乡困难群众生产生活问题，保障农民工工资按时足额发放，确保供电、供暖、供气稳定，深入落实安全生产责任制……一桩桩一件件，都关系着群众的切身利益。各地区各部门要切实扛起责任、奋发有为，把人民至上的价值理念、"时时放心不下"的责任担当落实到行动上，把惠民生、暖民心、顺民意的工作做到群众心坎上。

集采药价降了、基本养老金涨了、义务教育学校生均公用经费基准定额提高了……过去一年，我们在一件件民生实事中感受着发展的温度。新的一年，坚定信心、开拓奋进，我们一定能推动经济发展和民生保障取得更大成效，让现代化建设成果更多更公平惠及全体人民。

《人民日报》2024年01月12日

不断实现人民对美好生活的向往

詹成付

习近平总书记在党的二十大报告中指出:"为民造福是立党为公、执政为民的本质要求。必须坚持在发展中保障和改善民生,鼓励共同奋斗创造美好生活,不断实现人民对美好生活的向往。"党的二十大报告作出的一系列重要谋划和部署,充分彰显了我们党坚定的人民立场和在新征程上不断把人民对美好生活的向往变为现实的坚强决心,对于激励全党全军全国各族人民为全面建设社会主义现代化国家、全面推进中华民族伟大复兴而团结奋斗具有重要指导意义。

深刻把握不断实现人民对美好生活向往的重大意义

我们党从成立之日起,就把为中国人民谋幸福、为中华民族谋复兴作为初心使命,团结带领中国人民为创造美好生活进行了长期奋斗。不断实现人民对美好生活的向往,集中体现了我们党的初心使命,深刻揭示了我们党长盛不衰的奥秘,也是大力弘扬伟大建党精神的必然要求。

作者系民政部党组成员、副部长。

集中体现了我们党的初心使命。习近平总书记指出："江山就是人民，人民就是江山。中国共产党领导人民打江山、守江山，守的是人民的心。"我们党的百年奋斗史就是为人民谋幸福的历史，就是践行党的初心使命的历史。党领导人民打土豪、分田地，是为人民根本利益而斗争；领导人民开展抗日战争、赶走日本侵略者，是为人民根本利益而斗争；领导人民推翻三座大山、建立新中国，是为人民根本利益而斗争；领导人民开展社会主义革命和建设、改变一穷二白的国家面貌，是为人民根本利益而斗争；领导人民实行改革开放、推进社会主义现代化、实现中华民族伟大复兴，同样是为人民根本利益而斗争。完成脱贫攻坚、全面建成小康社会的历史任务，实现第一个百年奋斗目标，是彪炳中华民族发展史册的历史性胜利。在向第二个百年奋斗目标迈进的新征程上，要继续在让老百姓过上更加美好生活的奋斗中践行初心使命。

深刻揭示了我们党长盛不衰的奥秘。马克思、恩格斯在《共产党宣言》中指出，过去的一切运动都是少数人的，或者为少数人谋利益的运动。无产阶级的运动是绝大多数人的，为绝大多数人谋利益的独立的运动。作为马克思主义政党，我们党的章程开宗明义：中国共产党是中国工人阶级的先锋队，同时是中国人民和中华民族的先锋队。我们党没有自己特殊的利益，在任何时候都把群众利益放在第一位。为人民而生，因人民而兴，始终同人民在一起，为人民利益而奋斗，是我们党立党兴党强党的根本出发点和落脚点。不断实现人民对美好生活的向往，赢得人民信任，得到人民支持，党就能克服任何困难，无往而不胜。

大力弘扬伟大建党精神的必然要求。坚持真理、坚守理想，践行初心、担当使命，不怕牺牲、英勇斗争，对党忠诚、不负人民的伟大建党精神，是中国共产党的精神之源。100多年来，为了争取民族独立、人民解放和实现国家富强、人民幸福，我们党弘扬伟大建党精神，团结带领人民创造了新民主主义革命的伟大成就，创造了社会主义革命和建设的伟大成就，创造了改革开放和社会主义现代化建设的伟大成就，创造了新时代中国特色社会主义的伟大成就，书写了中华民族几千年历史上最恢宏的史诗，中华民族伟大复兴展现出前所未有的光明前景。在新征程上不断实现人民对美好生活的向往，面临的风险和考验一点也不会比过去少。实现国家富强、民族复兴、人民幸福的中国梦，必须继续弘扬伟大建党精神，以咬定青山不放松的执着奋力实现既定目标。

中国人民获得感、幸福感、安全感更加充实、更有保障、更可持续

党的十八大以来，中国特色社会主义进入新时代，在以习近平同志为核心的党中央坚强领导下，党和国家事业取得历史性成就、发生历史性变革，我国发展站到了新的历史起点上，人民群众对美好生活的向往不断变为现实，获得感、幸福感、安全感更加充实、更有保障、更可持续。

经济更加发展。我国经济实力实现历史性跃升。国内生产总值由2012年的53.9万亿元增长到2021年的114.4万亿元；2013—2021年，国内生产总值年均增长6.6%，高于同期世界2.6%和发展中经济体3.7%的平均增长水平，世界第二大经济体地位得到巩固提升。载人航天、探月探火、深海深地探测、超级计算机、卫星导航、量子信息、核电技术、新能源技术、大飞机制造、生物医药等取得重大成果，我国进入创新型国家行列。建成世界上最大的高速铁路网、高速公路网，群众出行、货物运输更加安全快捷。面对突如其来的新冠疫情，统筹疫情防控和经济社会发展取得重大积极成果。当前，虽然百年变局与世纪疫情交织叠加，国内改革发展稳定任务艰巨繁重，但我国经济韧性强、潜力足、回旋余地广，长期向好的基本面不会改变，完全有条件有能力稳定宏观经济大盘，保持经济运行在合理区间。

民主更加健全。我们党深化对民主政治发展规律的认识，提出全过程人民民主的重大理念。我国全过程人民民主不仅有完整的制度程序，而且有完整的参与实践，实现了过程民主和成果民主、程序民主和实质民主、直接民主和间接民主、人民民主和国家意志相统一，是最广泛、最真实、最管用的社会主义民主。我国实行工人阶级领导的、以工农联盟为基础的人民民主专政的国体，实行人民代表大会制度的政体，实行中国共产党领导的多党合作和政治协商制度、民族区域自治制度、基层群众自治制度等基本政治制度，巩固和发展最广泛的爱国统一战线，形成了全面、广泛、有机衔接的人民当家作主制度体系。全体人民依法实行民主选举、民主协商、民主决策、民主管理、民主监督，依法通过各种途径和形式管理国家事务，管理经济和文化事业，管理社会事务，当家作主的权利进一步落到实处。

文化更加繁荣。我国文化建设为新时代坚持和发展中国特色社会主义、开创党和国家事业全新局面提供了强大正能量。党的理论创新全面推进，习近平新时代中国特色社会主义思想深刻改变中国、影响世界。党对宣传思想文化工作的领导全面加强，凝聚起全面建成小康社会、实现中华民族伟大复兴的磅礴力量。社会主义核心价值观和中华优秀传统文化广泛弘扬，主流舆论不断巩固壮大，网络空间日益清朗，全国各族人民精神面貌更加奋发昂扬。文艺创作持续繁荣，公共文化服务水平不断提高，文化事业和文化产业繁荣发展，为人民提供了更多更好的精神食粮。

社会更加和谐。我国832个贫困县全部摘帽，近1亿农村贫困人口实现脱贫，960多万贫困人口实现易地搬迁，历史性地解决了绝对贫困问题。城镇新增就业年均超过1300万人，居民人均可支配收入超过3.5万元，中等收入群体规模超过4亿人。养老、托幼、助残等福利事业平稳发展，建成世界上规模最大的教育体系、社会保障体系、医疗卫生体系，高等教育进入世界公认的普及化阶段，人均预期寿命达到78.2岁。社会保持长期稳定，成为世界公认最有安全感的国家之一。面对疫情冲击，我们党坚持人民至上、生命至上，最大限度地保护了人民生命安全和身体健康。

生态更加优美。我们党坚持绿水青山就是金山银山理念，全面加强生态文明建设，系统谋划生态文明体制改革，坚持山水林田湖草沙一体化保护和系统治理，全方位、全地域、全过程加强生态环境保护，生态环境保护发生历史性、转折性、全局性变化。2021年，全国339个地级及以上城市平均空气质量优良天数比例为87.5%，受污染耕地安全利用率稳定在90%以上，地表水水质优良（Ⅰ—Ⅲ类）断面比例为84.9%，绿水青山的"含金量"越来越高，人民群众感受到了经济发展带来的实实在在的环境效益。

共同奋斗创造更加美好的生活

习近平总书记指出："全面建设社会主义现代化国家，必须充分发挥亿万人民的创造伟力。"我们要始终坚持以人民为中心的发展思想，牢牢坚持习近平总书记在党的二十大报告中提出的"五个必由之路"的规律性认识，坚持在发展中保障和改善民生，统筹做好就业、收入分配、教育、社保、医疗、住房、养老、扶幼等各方面工作，在物质文明、政治文明、精神文明、社会文明、生态文明协调发展中全方位提升人民生活品质。

坚持党的全面领导。坚持党的全面领导是坚持和发展中国特色社会主义的必由之路。我们要坚定不移坚持党的全面领导，坚决维护党中央权威和集中统一领导，把党的领导落实到党和国家事业各领域各方面各环节，使党始终成为中国人民最可靠、最坚强的主心骨。

坚持中国特色社会主义。中国特色社会主义是实现中华民族伟大复兴的必由之路。我们要始终不渝走中国特色社会主义道路，坚持把国家和民族发展放在自己力量的基点上、把中国发展进步的命运牢牢掌握在自己手中，不断实现人民对美好生活的向往，不断推进全体人民共同富裕。

坚持团结奋斗。团结奋斗是中国人民创造历史伟业的必由之路。我们要在党的领导下团结一心、众志成城，敢于斗争、善于斗争，全力战胜前进道路上各种困难和挑战，依靠顽强斗争打开事业发展新天地。

完整、准确、全面贯彻新发展理念。贯彻新发展理念是新时代我国发展壮大的必由之路。我们要完整、准确、全面贯彻新发展理念，加快构建新发展格局，着力推动高质量发展，加快实现科技自立自强，不断提高我国发展的竞争力和持续力，在日趋激烈的国际竞争中把握主动、赢得未来。

坚持全面从严治党。全面从严治党是党永葆生机活力、走好新的赶考之路的必由之路。我们要大力弘扬伟大建党精神，不忘初心使命，勇于自我革命，不断清除一切损害党的先进性和纯洁性的有害因素，不断清除一切侵蚀党的健康肌体的病原体，确保党不变质、不变色、不变味，始终与人民风雨同舟、与人民心心相印，想人民之所想，行人民之所嘱，不断把人民对美好生活的向往变为现实。

《人民日报》2022年11月03日

坚持在发展中保障和改善民生

赖德胜

治国有常，利民为本。党的十八大以来，以习近平同志为核心的党中央始终坚持以人民为中心的发展思想，高度重视民生工作，对保障和改善民生作出了总体部署，提出了新思想和新举措，人民生活得到了全方位改善。习近平总书记在党的二十大报告中强调："为民造福是立党为公、执政为民的本质要求。必须坚持在发展中保障和改善民生，鼓励共同奋斗创造美好生活，不断实现人民对美好生活的向往。"这为新时代新征程更好地增进民生福祉、提高人民生活品质、扎实推动全体人民共同富裕提供了根本遵循。

一、保障和改善民生进入品质提升期

顾名思义，民生主要指民众的生计和生活。为人民谋幸福，使人民过上美好生活，是中国共产党的初心和使命，因此，我们党历来重视保障和改善民生。在不同时期，由于社会主要矛盾、生产力发展水平等不同，人民的民生诉求有所差异，党和国家民生工作的侧重点也有所不同。

作者单位：中共中央党校（国家行政学院）社会和生态文明教研部。

在新民主主义革命时期，党面临的主要任务是，反对帝国主义、封建主义、官僚资本主义，争取民族独立、人民解放，为实现中华民族伟大复兴创造根本社会条件。在极其艰苦的条件下，我们党仍然将民生置于重要地位。正如毛泽东同志曾指出，对于广大群众的切身利益问题，群众的生活问题，就一点也不能疏忽，一点也不能看轻，一切群众的实际生活问题，都是我们应当注意的问题，而且在解放区还进行了广泛的民生实践。在社会主义革命和建设时期，随着社会主要矛盾转化为人民对于经济文化迅速发展的需要同当前经济文化不能满足人民需要的状况之间的矛盾，我们党将摆脱贫困、解决温饱问题作为民生的第一要务，强调要加快经济建设以改善民生，并经过多年探索实践，初步形成了基本的社会福利体系。在改革开放和社会主义现代化建设新时期，党开始将工作重点转移到社会主义现代化建设上来，作出了以经济建设为中心，实行改革开放的历史性决策，强调发展生产力的目的是改善人民生活，实现共同富裕。劳动生产率明显提高，经济持续增长，人民收入水平持续提高。特别是进入21世纪，我们党根据经济、社会发展"一条腿长、一条腿短"的状况，提出将"社会更加和谐"作为全面建设小康社会的一个重要目标，强调构建和谐社会是巩固党执政的社会基础、实现党执政的历史任务的必然要求，要把和谐社会建设摆在重要位置。2005年在省部级主要领导干部提高构建社会主义和谐社会能力专题研讨班上，首次将"社会建设"与经济建设、政治建设、文化建设并列，我国社会主义现代化建设总体布局由原来的"三位一体"变成了"四位一体"。党的十七大提出要"加快推进以改善民生为重点的社会建设"，并确定基本民生由"5个有所"构成，即学有所教、劳有所得、病有所医、老有所养、住有所居。

九、切实保障和改善民生

党的十八大以来，中国特色社会主义进入新时代，生态文明建设被纳入中国特色社会主义事业总体布局之中，中国特色社会主义事业总体布局由"四位一体"拓展为"五位一体"，并将良好生态环境视为最普惠的民生福祉。特别是随着社会主要矛盾已经转化为人民日益增长的美好生活需要和不平衡不充分的发展之间的矛盾，我们党更加重视民生建设，强调人民对美好生活的向往就是我们的奋斗目标，增进民生福祉是我们坚持立党为公、执政为民的本质要求，让老百姓过上好日子是我们一切工作的出发点和落脚点，补齐民生保障短板、解决好人民群众急难愁盼问题是社会建设的紧迫任务。将坚持在发展中保障和改善民生作为新时代坚持和发展中国特色社会主义的基本方略，在幼有所育、学有所教、劳有所得、病有所医、老有所养、住有所居、弱有所扶上持续用力，人民生活得到了全方位改善。政府的民生支出不断增加，2021年仅教育、医疗卫生、社会保障和就业三项支出占全国一般公共预算支出的比重为36.9%，支出总量超过了9万亿元，而2012年的民生支出比重和支出总量分别为31.2%和4万多亿元，这为保障和改善民生奠定了坚实的物质基础。这期间，居民人均可支配收入从1.65万元增加到了3.51万元，恩格尔系数从33.0%下降至29.8%，达到了富裕国家的水平，人们的支出选择范围大为扩展。就业大局始终保持稳定，城镇登记失业率和城镇调查失业率维持在较低水平，城镇新增就业年均在1300万人以上。建成了世界最大规模的教育体系、社会保障体系和医疗卫生体系。高等教育进入普及化阶段，高等教育毛入学率达到了57.8%，教育普及水平实现了历史性跨越，劳动年龄人口平均受教育年限达到了10.9年。基本养老保险参与人数达到了10.4亿人，基本医疗保险参保率维持在95%以上。人均预期寿命增长到78.2岁，实现了历史性跃升。人民获得感、幸福感、安全感更加充分、更有保障、更可持续，共同富裕取得新成效。

正是因为民生事业不断取得新进展、跃上新台阶，党的十九届五中全会提出要"改善人民生活品质，提高社会建设水平"，党的二十大提出要"增进民生福祉，提高人民生活品质"。这意味着，我国保障和改善民生进入品质提升期，保障和改善民生面临着新的任务和要求。

一是保障和改善民生要不断满足人民对美好生活的需要。新时代社会主要矛盾的转化，核心是人的"物质文化需要"到"美好生活需要"的转变。与物质文化需要相比，人民对美好生活的需要更加全面，也更加高级。正如习近平总书记在党的十九大报告中所强调，人民美好生活需要日益广泛，不仅对物质文化生活提出了更高要求，而且在民主、法治、公平、正义、安全、环境等方面的要求日益增长。在全面建成小康社会后，物质文化生活已经基本解决了"有没有"的问题，现在面临的主要是"好不好"的问题，是要追求高品质生活，人们期盼有更好的教育、更稳定的工作、更满意的收入、更可靠的社会保障、更高水平的医疗卫生服务、更舒适的居住条件、更优美的环境，期盼着孩子们能成长得更好、工作得更好、生活得更好。"好不好"不仅涉及客观评价，而且涉及主观评价，因此评价更加复杂。2019年《中共中央 国务院关于支持深圳建设中国特色社会主义先行示范区的意见》将深圳定位为高质量发展高地、法治城市示范、城市文明典范、民生幸福标杆和可持续发展先锋，其中，"民生幸福标杆"是要实现幼有善育、学有优教、劳有厚得、病有良医、老有颐养、住有宜居、弱有众扶。这个新"七有"的民生目标，在某种意义上可以看作品质民生的一种表述，是民生建设的重要内容和需要努力的方向。

二是保障和改善民生要不断促进人的全面发展。马克思、恩格斯在

《共产党宣言》中对未来社会主义做了这样的界定:"代替那存在着阶级和阶级对立的资产阶级旧社会的,将是这样一个联合体,在那里,每个人的自由发展是一切人的自由发展的条件。"马克思在《资本论》中又指出,社会主义、共产主义是比资本主义"更高级的、以每一个人的全面而自由的发展为基本原则的社会形式"。人的全面发展指的是包括经济、政治、文化、社会、生态等各方面需求都得到满足,每个人的自由选择得到尊重,潜能得到激发,德智体美劳各展所长,全体人民普遍达到生活富裕富足、精神自信自强、环境宜居宜业、社会和谐和睦、公共服务普及普惠,共享改革发展成果和幸福美好生活,获得感、幸福感、安全感不断提高。我们党将人的全面发展作为最高价值追求,但从价值追求到具体实践有个历史过程,需要不断健全民生保障制度,统筹做好教育、分配、就业、社保、医疗、住房、养老、扶幼等各方面的工作。2018年4月23日,在中共中央政治局就《共产党宣言》及其时代意义举行集体学习活动时,习近平总书记强调中国共产党是《共产党宣言》精神的忠实传人,并提出要不忘初心、牢记使命,始终把人民放在心中最高位置,更好增进人民福祉,推动人的全面发展、社会全面进步。我们已全面建成小康社会,正在向社会主义现代化强国迈进,保障和改善民生,要为人的全面发展创造更多更好条件。

三是保障和改善民生要扎实推动全体人民共同富裕。共同富裕是社会主义的本质要求,是中国式现代化的重要特征。共同富裕是全体人民共同富裕,而不是少数人富裕。共同富裕是人民群众物质生活和精神生活都富裕,是全面的共同富裕而不是片面的共同富裕。但共同富裕不是一蹴而就,而是需要有个比较长的过程。在相当长的时期内,我们实行的是"先富后富"的策略,即鼓励一部分地区、一部分人通过诚实劳动和合法经营，先富裕起来，再带动其他地区、其他人一起富裕。事实证明，这一策略是正确的，我国用比较短的时间就实现了从站起来、富起来到强起来的伟大飞跃。但发展还不平衡不充分，其中很重要一个方面是民生享有的不平衡不充分。党中央明确提出，现在已经到了扎实推动共同富裕的历史阶段，要把逐步实现全体人民共同富裕摆在更加重要的位置上，并描绘出了时间表和路线图。根据党中央部署，到"十四五"末，全体人民共同富裕迈出坚实步伐，居民收入和实际消费水平差距逐步缩小。到2035年，全体人民共同富裕取得更为明显的实质性进展，基本公共服务实现均等化。到21世纪中叶，全体人民共同富裕基本实现，居民收入和实际消费水平差距缩小到合理区间。不同阶段共同富裕的主要指标，即居民收入、实际消费水平、基本公共服务等，基本上都与民生直接相关。可见民生福祉是共同富裕的重要内容，保障和改善民生是扎实推动全体人民共同富裕的重要途径。

二、保障和改善民生面临的新挑战

立足新发展阶段，贯彻新发展理念，构建新发展格局，推动高质量发展，将会为保障和改善民生创造更好的条件，使品质民生建设不断迈上新台阶。同时，保障和改善民生无论供给还是需求都将面临诸多挑战。

一是经济运行存在新的下行压力。发展是保障和改善民生的基础，没有发展，民生就如无源之水，无本之木。过去十年，我国经济实现了中高速增长，经济实力跃上新台阶。经济总量由2012年的53.9万亿元上升到2021年的114.4万亿元，占世界经济比重从11.3%上升到超过18%，人均国内生产总值从6300美元上升到超过1.2万美元，接近世界银行高收入国家标准，民生基础得到不断夯实。"十四五"时期，我们要改善人民生活品质，更好满足人们对美好生活的需要，推动人的全面发展、全体人民共同富裕取得更为明显的实质性进展，经济应该继续有个比较高速的增长，使"蛋糕"做得更大。根据有关研究，到2035年，我国要基本实现社会主义现代化，人均收入达到中等发达国家水平，年均经济增长速度就必须达到4.75%左右。我国发展仍具有诸多战略性的有利条件，经济稳中向好、长期向好的基本面不会改变，因此，我们有充分的信心和能力实现这一增长目标。同时，我们也要清醒地认识到，当前，国内外环境发生了重要变化，世界之变、时代之变、历史之变的特征更加明显，特别是全球疫情仍在持续，世界经济复苏动力不足，美国等西方发达国家对我国遏制围堵，科技遏制、产业遏制政策迭出，给国际经贸环境增添了新的复杂性、严峻性、不确定性，世界进入新的动荡变革期。2022年以来，我国经济运行面临需求收缩、供给冲击、预期转弱三重压力，稳增长、稳就业、稳物价面临新的挑战。党中央审时度势，强调疫情要防住、经济要稳住、发展要安全，更加有效统筹疫情防控与经济社会发展，出台了扎实稳住经济的一揽子政策措施，经济总体呈恢复发展态势，经济社会发展大局总体稳定。但经济下行的压力仍在。一方面，这会影响跟民生直接相关的就业、工资收入等，比如，青年失业率一直在高位运行，高校毕业生就业压力大；财政收入增速放缓，进而影响对保障和改善民生的支出等。另一方面，经济下行压力下，各地的经济增长可能会出现分化，在当前的民生支出体制下，这有可能会加剧各地民生建设的不平衡。

二是人口老龄化程度进一步加深。不同年龄人口的观念、心理、行为等是不同的，不同的年龄人口结构会导致不同的需求结构。根据第七次全国人口普查数据，2020年我国60岁及以上人口有2.6亿人，占人口比重达到18.7%，比2010年上升5.4个百分点。根据有关部门预测，"十四五"期间，全国60岁及以上老年人口每年将增加约1000万人，总量将突破3亿人，我国将从轻度老龄化迈入中度老龄化。这对民生建设的资源及其配置带来了多重挑战。首先，基本养老保险金支出将会逐渐增加，而老龄化和劳动年龄人口的减少又意味着人口红利逐渐消失、经济潜在增长率降低。其次，围绕"老有所养"而作出的适老化转型升级需要大量投入。老年人的生活方式、消费结构等有很大不同，围绕年轻人而设计的软硬件环境难以有效满足老年人的需求。比如，我国现存住房很多是小高层设计，绝大多数没有配备电梯，这给高龄及体弱老人的出行带来了很大困难。即使是有电梯的住房，内部设计和设施，以及小区环境和设施，也对老年人的生活习惯和生活能力考虑不够。因此，如何加强养老服务体系建设，各领域各行业如何进行适老化转型升级，对于增进老年人社会参与，提高老年人生活品质，更好地满足老年人对美好生活的需求，提升老年人的获得感、幸福感、安全感，是一项紧迫的任务。最后，为应对人口老龄化，国家出台了多项政策措施鼓励生育，但年轻人在生育方面仍顾虑颇多，一个重要原因是生育养育成本高。如何进一步降低生育养育成本，涉及民生的诸多方面，比如托育事业的发展、女性的就业等。总之，老龄化及其带来的"一老一小"问题，是未来民生建设要予以高度关注的问题。

三是就业结构发生深刻变化。就业是最基本的民生，也是经济发展最基本的支撑。在某种意义上，只要实现了高质量充分就业，就能把我国丰富的人力资源和人力资本转化为经济增长的源泉，而且其他民生福祉也能得到比较好的保障，因为收入、教育、社保、健康、住房等其他民生福祉都是与就业紧密相关的。随着科技的进步和产业结构的转型升级，我国的就业结构已经发生深刻变化。首先，城镇就业占比越来越高。2021年在城镇就业的比重达到了62.7%，但有相当比例在城镇工作生活的劳动者并没有城镇户口，有数据表明，我国户籍人口城镇化率为46.7%，与常住人口城镇化率64.7%相差18.0个百分点。也就是说，约2.5亿人还不能均等便捷地享受城镇的基本公共服务。其次，基于平台经济的新就业形态不断涌现，而且成为稳扩就业的重要途径，但很多新就业形态从业者和灵活就业人员没有签订劳动关系合同，其劳动权利和社会保障权益没有得到有效保护，稳定性不够，就业质量不高。最后，随着以人工智能、大数据等为代表的新科技的不断应用，有可能出现"就业极化"现象，即中等技能的工作岗位不断减少，增加的只是高技能工作岗位和非常规的低技能工作岗位，这将冲击中等收入群体的基础，影响共同富裕目标的实现。

四是民生诉求差异不断扩大。在民生"有没有"的数量驱动阶段，人们对民生的诉求是比较单一的，因此，消费需求往往会发生"同频共振"现象，典型者如20世纪80年代所谓的冰箱、电视机、洗衣机和录音机"四大件"。而在民生"好不好"的品质提升阶段，民生诉求的差异化、个性化则越来越明显，也更难满足。比如，关于义务教育均等化，在早期我们更关注的是入学机会的均等，使每一个孩子都有学上。随着义务教育的全面普及，上学已经不是问题，我们开始关注办学条件的均等，即不管城乡还是东中西部，每个孩子都能享有均等的办学资源，包括硬件和软件。而在高质量发展阶段，现在更加重视优质均衡，即教育质量或者说孩子的教育获得要均衡，为此，就不能简单地以教育资源均等来衡量，而必须考虑不同孩子的先天禀赋、家庭条件等给予差异化的支持，是一种有差异的均等。同时，近些年来，社会阶层结构不断出现分化、重组和再造。虽然各阶层在根本利益上是一致的，但不同阶层在教育、就业、收入、掌握的资源等方面存在较大差距，他们在价值观念、生活方式、行为方式、社会心理、利益诉求等方面也存在较大差异。民生建设不仅涉及增量的分配，还涉及存量的调整，因此，难以做到持续的帕累托改进。如何协调各阶层关系，减少社会冲突，化解社会矛盾，构建和谐社会，是新时代民生建设面临的重要难题。

三、保障和改善民生的基本原则

保障和改善民生，要坚持党的领导，坚持以人民为中心，按照坚守底线、突出重点、完善制度、引导预期的思路，坚持人人尽责、人人享有，注重加强普惠性、基础性、兜底性民生建设，保障全体人民在共建共享发展中有更多的获得感、幸福感、安全感。

一是坚持党的领导。党的领导是中国特色社会主义最本质的特征，是中国特色社会主义制度的最大优势所在，是中国最大的国情。中国共产党建党100多年、新中国成立70多年、改革开放40多年、新时代10年以来的实践表明，党的领导是保障和改善民生的根本政治保障。正是因为有党的领导，我国民生事业才能不断发展。民生建设涉及方方面面，关系千家万户，是一项系统工程，品质民生建设更是一项新课题，变量更多，难度更大。党对保障和改善民生的领导，体现在以下几个方面：把航定向，即要使民生建设始终坚持为了人民，为了满足人民日益增长的美好生活需要、促进人的全面发展和扎实推动共同富裕；民生战略和民生政策的谋定，即根据社会发展阶段、经济发展水平、民生诉求变化等,科学确定民生发展的目标、重点和路径,制定相应政策措施;总揽全局、协调各方,即全国一盘棋,上下贯通,从人、财、物等各个方面给予统筹协调,使各个群体的民生和民生的各个领域稳步推进。

二是坚持以人民为中心。全心全意为人民服务是党的根本宗旨。习近平总书记指出:"江山就是人民,人民就是江山。中国共产党领导人民打江山、守江山,守的是人民的心。"民生无小事,枝叶总关情。保障和改善民生是践行以人民为中心发展思想的具体体现,同时,保障和改善民生也要坚持以人民为中心,要实现好、维护好、发展好最广大人民根本利益,紧紧抓住人民最关心最直接最现实的利益问题。偏离了人民的利益,就是偏离了初心。发展成果要为人民所共享,要更好更公平地惠及全体人民,绝不能出现"富者累巨万,而贫者食糟糠"的现象。保障和改善民生的成效如何,始终要以人民满意不满意、拥护不拥护、赞成不赞成、高兴不高兴作为评判标准。以人民为中心的发展思想,不是一个抽象的、玄奥的概念,不能只停留在口头上、止步于思想环节,而要体现在经济社会发展各个方面和各个环节,体现在民生保障和改善的各个方面和各个环节。要加强调查研究,深入基层群众,对人民群众的急难愁盼问题要有及时准确的了解,对人民群众的诉求有更真切的感知。

三是坚持坚守底线、突出重点、完善制度、引导预期。这四个方面互相配合、互为补充、相辅相成,共同构成一个完整的体系。坚守底线就是要集中力量做好普惠性、基础性、兜底性民生建设,兜住困难群众基本生活。普惠性强调的是民生建设要广覆盖,要面向全体社会成员或为某些群体中的所有成员提供相同的福利待遇和社会服务。基础性强调的是民生建设的内容要满足民众在各个方面的基本需要。兜底性强调的是民生建设要为所有靠其他保障方式都无法满足其基本需要的个人和家庭提供最后的保障,要兜住民生底线,以确保所有人在生活的各个方面都不会跌落到社会所认可的最低标准之下。突出重点就是要突出民生领域重点群体、重点问题、重点环节,以重点突破带动整体提升。完善制度就是要坚持制度引领,与时俱进改革创新,推进制度更加成熟定型。引导预期就是要正确处理理想与现实、需要与可能、当前与长远的关系,促进形成勤劳致富、改善生活的良好舆论氛围和社会预期。

四是坚持人人尽责、人人享有。党和政府承担着保障和改善民生的基本职责,各级党委和政府要把保障和改善民生作为重中之重,纳入议事日程,将更多资源投入民生建设。但我国是个有14亿多人口的大国,地区之间、城乡之间发展不平衡,差异大,党和政府不能包打天下、包办一切,必须广泛依靠人民群众,充分发挥社会各方面的积极性。习近平总书记指出,要把为群众服务的资源和力量尽量交给与老百姓最贴近的基层组织去做,增强基层组织在群众中的影响力和号召力。要不断完善基层群众民主管理、民主协商、民主参与、民主监督和自我服务的体制机制,保障基层群众依法依规对城乡社区公共事务行使民主权利,充分调动基层群众参与民生保障的积极性。要创新公共服务提供方式,在许多公共服务供给方面,可引入市场竞争机制,提高资源配置和使用效率。要鼓励勤劳创新致富,畅通社会性流动通道,给更多人创造致富机会,使每一个人都有梦想成真的机会,把保障和改善民生与群众的自身奋斗统一起来,在人人参与、人人尽力的基础上实现人人享有。

五是坚持尽力而为、量力而行。民生工作直接同老百姓见面,是老百姓感知最明显的领域,来不得半点虚假。要积极有为,尽力而为。拿出更大的力度、更实的举措,尽力保障,尽力安排,尽量满足,压茬推进,积小胜为大胜。为此,要坚持稳中求进工作总基调,完整、准确、全面贯彻新发展理念，实施好积极的财政政策和稳健的货币政策，加强跨周期调节，政策发力适当靠前，尽早启动一批已列入"十四五"规划、既利当前又利长远的重大工程，推动经济健康发展，创造更多就业岗位，增加收入和消费。要高效统筹疫情防控与经济社会发展，既要最大限度保护人民生命安全和身体健康，又要最大限度减少疫情对经济社会发展的影响，根据疫情防控形势变化，及时调整防控措施和工作重心。要补齐法律短板，为外卖骑手、快递小哥、网约车司机等新就业形态从业人员提供更好的权益保护和社会保障，提高灵活就业质量，使灵活就业成为稳扩就业的重要渠道。要发挥社会政策的民生兜底作用，对受疫情影响大的群体，以及下岗失业人员、零就业家庭人员、残疾人等特殊困难群体，努力做到应保尽保、应助尽助，有些地方可以根据情况发放一次性生活补贴或消费券等。同时，要充分认识到民生建设有其自身的规律，民生保障的范围和程度要与经济社会发展水平相适应，不能操之过急。我国仍然并将长期处于社会主义初级阶段，这是最基本的国情。同时，当前经济下行压力加大，这是新的形势。因此，民生建设要实事求是，量力而行。要坚持从实际出发，将收入提高建立在劳动生产率提高的基础上，将福利水平提高建立在经济和财力可持续增长的基础上，避免好高骛远，做超越阶段的事情，做不切实际的承诺，盲目提高标准，吊高群众胃口。因为民生需求存在刚性，保障水平宜升不宜降，做出了承诺，就要兑现，而且要保持连续性，否则失信于民。习近平总书记强调，即使将来发展水平更高、财力更雄厚了，也不能提过高的目标，搞过头的保障，坚决防止落入"福利主义"养懒汉的陷阱。要避免跟风攀比，毕竟各地发展水平不同，民生建设不可能全国各地一个步伐，有些地方走得快一点，有些地方走得慢一点，这都是正常的。要优化资源配置，少锦上添花,多雪中送炭,把有限资金用在刀刃上。

四、在高质量发展中更好地保障和改善民生

保障和改善民生是一项长期工作,没有终点站,只有连续不断的新起点。我们要始终坚持以人民为中心的发展思想,改革创新,着力解决人民群众"急难愁盼"的民生问题,使各项民生工作取得新成效。

一要推动高质量发展。高质量发展是全面建设社会主义现代化国家的首要任务,没有坚实的物质技术基础,就不可能全面建成社会主义现代化强国,也就不可能持续增进民生福祉,不断提高人民生活品质。必须始终坚持发展是党执政兴国第一要务,坚持以经济建设为中心,不断把蛋糕做大,夯实民生保障和改善的基础。为此,要坚持和完善社会主义基本经济制度,毫不动摇巩固和发展公有制经济,毫不动摇鼓励、支持、引导非公有制经济发展,充分发挥市场在资源配置中的决定性作用,更好地发挥政府作用,激发各类市场主体活力。要贯彻新发展理念,构建新发展格局,将保障和改善民生作为发展的出发点和落脚点,发挥超大规模消费市场的潜力,增强消费对经济发展的基础性作用。据统计,近两年我国最终消费支出对经济增长的贡献率超过了65%,消费已经成为经济增长的第一拉动力。在需求收缩的背景下,稳住和扩大消费,对于经济稳定发展至关重要。可以说,保民生就是保发展。根据发达国家的产业发展经验,在追求生活品质的发展阶段,满足更高层次消费需求的产业将会成为新的增长点和主导产业。实施扩大内需战略要同深化供给侧结构性改革有机结合起来,提升供给体系对国内需求的适配性,增强国内大循环内生动力和可靠性。为此,要坚持创新在我国现代化建设

全局中的核心地位，加快科技自立自强，坚持科技是第一生产力、人才是第一资源、创新是第一动力，发挥教育、科技、人才在全面建设社会主义现代化国家的基础性、战略性支撑作用。深入实施科教兴国战略、人才强国战略、创新驱动发展战略，不断开辟发展新领域新赛道，塑造发展新动能新优势，增强经济增长的科技含量，增强供给结构对需求变化的适应性和灵活性，提高供给质量。

二要办好人民满意的教育。在劳动年龄人口数量和人口红利不断减少的背景下，提升人力资本数量和质量，激发出人力资本红利，是经济增长的重要源泉。同时，教育公平是社会公平的重要基石，很多人通过接受教育改变了命运，获得了发展。随着人工智能、大数据、云计算等新科技的广泛应用，工作性质发生了深刻变化，对此，加强人力资本投资被认为是最有效的应对策略。可见，教育具有很强的社会回报和个人回报。现在义务教育已经全面普及，开始强调优质均衡，这是一种以教育质量为核心的高水平均衡。高中教育已基本普及，高等教育则进入了普及化阶段。可以说，教育已基本解决了上学难的问题，进入了后普及时代。但由于优质教育资源供给不足，教育领域仍存在"急难愁盼"问题，特别是学前教育是我国教育体系中的薄弱环节。因此，要始终把教育摆在优先发展的战略地位，扩大优质教育资源供给，优化教育资源配置，提高教育质量，增进教育对于人民群众需求和劳动力市场变革的适应性。要加大普惠性人力资本投入，有效减轻困难家庭教育负担，提高低收入群众子女受教育水平。构建有利于全民终身学习的学习型社会、学习型大国，加强全民阅读。

三要完善分配制度。发展的成果并不会自动而公平地惠及每一个群体和每一个人，因此，发展经济学有个术语叫"无发展的增长"。即经济增长了，但增长的好处主要被少数人占有了，并没有带来社会结构的变革和社会的根本进步。因此，要加强分配制度这一促进共同富裕的基础性制度的创新，将蛋糕分配好，使人民群众更好更公平地共享改革发展的成果。要坚持在经济增长的同时实现居民收入同步增长，在劳动生产率提高的同时实现劳动报酬同步提高，提高劳动报酬在初次分配中的比重，拓宽居民劳动收入和财产性收入渠道，逐步缩小城乡差距、区域差距和收入分配差距。坚持按劳分配为主体、多种分配方式并存的分配制度，健全劳动、资本、土地、知识、技术、管理、数据等生产要素由市场评价贡献、按贡献决定报酬的机制。要允许一部分地区、一部分人先富起来，同时要强调先富带后富、帮后富，鼓励勤劳创新致富。正确处理效率与公平的关系，构建初次分配、再分配、三次分配协调配套的基础性制度，加大税收、社保、转移支付等调节力度并提高精准性，扩大中等收入群体比重，增加低收入群体收入，合理调节高收入，取缔非法收入，形成中间大、两头小的橄榄型分配结构。规范财富积累机制，多渠道增加城乡居民财产性收入，同时，通过房产税、遗产税等调节手段，防止财产分配差距过大。

四要促进高质量充分就业。就业是最基本的民生。进入新时代的十年，我国已实现了比较充分的就业，但与人民对美好生活的要求相比，与高质量发展的要求相比，就业质量还不够高，因此，要进一步提高就业质量，促进高质量的充分就业。为此，要强化就业优先战略和就业优先政策，继续把就业摆在经济社会发展和宏观政策优先位置，作为保障和改善民生头等大事，把稳定和扩大就业作为宏观调控的优先目标和经济运行合理区间的下限，根据就业形势变化，及时调整宏观政策取向、聚力支持就业。要提高经济增长带动就业的能力，既要大力发展知识密集型技术密集型产业，大力发展数字经济，推动数字经济与实体经济深度融合，抢占国际竞争的制高点，实现创新驱动发展，又要发展就业带动力强的产业，特别是要发展就业容量大的劳动密集型产业，把就业岗位和增值收益更多地留给农民。强化对重点群体的就业促进。不同群体的就业预期、就业困难是不一样的，既要有普惠性的就业政策和就业支持，又要有特惠性的措施，对不同重点群体采取更具有针对性的政策和支持。高校毕业生数量大，每年以千万计，就业压力比较大。要拓宽高校毕业生市场化社会化就业渠道，为他们就业创业提供更多的政策支持和不断线服务。不断完善退役军人安置制度，支持退役军人自主就业创业。要统筹新型城镇化战略和乡村振兴战略，统筹城镇和农村两个劳动力市场，统筹城乡就业政策体系，破除妨碍劳动力流动的体制和政策弊端，继续推进剩余劳动力就地就近就业和转移就业，加快农民工市民化进程，提高就业质量。健全终身职业技能培训制度，使劳动者更好适应科技变革和产业结构转型升级所带来的工作岗位转换。适应新技术新业态新模式的迅猛发展，采取多种手段，维护好快递员、网约工、货车司机等就业群体的合法权益。对于脱贫人口、零就业家庭人员、残疾人等困难群体就业，要树立底线思维，积极开展就业援助，提供精细化服务。

五要健全社会保障体系。社会保障体系是保障社会成员基本生活的制度安排，也是保障社会稳定运行的制度安排。我国社会保障体系从无到有，不断完善，特别是进入新时代的十年，已经取得了显著进展。党的二十大提出要"健全覆盖全民、统筹城乡、公平统一、安全规范、可持续的多层次社会保障体系"，为此，我们重点要做好四件事。一是扩大覆盖面。我国已建立起了世界上最大规模的社会保障体系，但从覆盖面来看，各种社会保险发展不平衡，正如前面所述，基本养老保险和基本医疗保险基本实现了全覆盖，可以说是应保尽保，但失业保险和工伤保险的覆盖面还不够。失业保险参保人数仅为2.3亿人，约占全部就业人口的30%，占城镇就业人口的50%左右，2.9亿农民工的失业保险参保率只有17%左右。工伤保险参保人数为2.82亿人，近40%的城镇劳动力没有参加工伤保险。因此，要采取各种措施，使更多的农民工、灵活就业人员、新就业形态劳动者参加失业保险和工伤保险，加强社会保护，增强其就业的稳定性。二是提高统筹层次。现在的统筹层次偏低，地区之间缴费标准和待遇标准差距较大，不利于形成全国统一的劳动力市场，也不利于提高保险基金应对风险的能力。要加快实现基本养老保险全国统筹，实现基本医疗保险、失业保险、工伤保险省级统筹。三是提高替代率。有关研究表明，55%是养老金替代率的警戒线，低于这个标准，退休后的生活质量将明显下降，而我国现在养老金的替代率仅为45%左右。因此，要随着经济增长和收入水平提高，适当提高养老金的替代率。对此，要进一步完善多支柱养老保险体系，切实发挥好第三支柱即个人养老金的作用。四是加强监管和规范运作，使社会保险基金不断保值增值，并得到公平而有效的使用。

六要推进健康中国建设。健康是幸福生活的基础，人民健康长寿是经济发展和社会进步的重要标志，因此，联合国将代表健康的人均预期寿命作为人类发展指数的三个组成部分之一。要把人民健康放在优先发展的战略地位，完善相关政策，提供更多资源，促进人民健康。在健康中国建设中，"一老一小"处于重要地位。要实施好积极应对人口老龄化的国家战略，推动各行业各领域适老化改造，夯实老有所依、老有所养、老有所为的基础，使老年人享受到美好生活。要不断优化生育政策，降低生育、养育、教育成本，增强年轻人的生育意愿和生育能力，提高人口生育率。要转变健康理念，将预防作为最经济、最有效的健康策略，从以治病为中心转变为以健康为中心，推动全民体育运动，养成健康生活方式，全方位、全生命周期地保障人民健康。加强人民生命健康领域的科学研究，加快药品和疫苗的研发和生产，提高疾病和疫情的预防和治理能力。健康中国建设的短板在农村，要改善农村居住生活环境，继续深化农村"厕所革命"，从源头上预防疾病的发生。要引导医疗卫生资源下沉，向基层延伸，向农村覆盖，向困难群体倾斜，特别是要发挥好互联网在促进医疗资源公平共享中的作用，使农村和边远地区的人们也能便捷地享受优质医疗资源。

《北京工商大学学报（社会科学版）》2023年第1期